すぐに使える
家庭科授業ヒント集

下野房子
吉田幸子
［著］

大修館書店

はじめに

　急激に変化する社会の中で，2009年改訂学習指導要領は，「生きる力」の育成をめざすことの重要性を前回に引き続いて提唱しています。「生きる力」とは，いかに社会が変化しようと，自分で課題を見つけ，自ら学び，自ら考え，主体的に判断し，行動し，よりよく問題を解決する資質や能力であり，また，自らを律しつつ，他人とともに協調し，他人を思いやる心や感動する心など豊かな人間性であると中央教育審議会で答申されています。

　家庭科はその「生きる力」を育成させる重要な教科であるにもかかわらず，男女4単位必修（1989年改訂学習指導要領）から「教育改革」の一環として提起された「家庭基礎」2単位の設定（1994年改訂学習指導要領）で4単位から2単位への単位減が全国的に進み，授業分野の削減や授業の根幹を支える実験・実習・調べる・発表する学習の大幅な減少を起こしました。さらに，単位減は必然的に各校における家庭科教員の専任比率も押し下げることとなりました。「専任が減った」，「教科のことで相談する相手がいない」など教科内の教員の孤独は大きな問題となっています。
　一方，家庭科の内容は，家庭の中で教えていくものだという声もある中，子どもたちが育つ家庭は，核家族化が進み，世代間の文化や知恵・技術の伝承が望めなくなっています。また，高齢者や若者の単身世帯の増加（今や全世帯の30％以上）は，誰もが一人で暮らすことを前提に生きていかなければならない現状をあらわしています。男女が対等に仕事・家庭生活を営み，さまざまな予想を立てながら，確かな判断力，強い決断力と行動力を身につける努力なしには暮らせない状況となった今，家庭科を学校内で教えることの役割はさらに大きなものになっています。

　私たちの生活に対する一定の価値観や考え方は，生まれた家庭，暮らしている社会の歴史や制度，文化，地域性に裏打ちされ，実際の生活態度，生活様式，人間関係に大きな影響を与えていきます。家庭科は，それらに関する基礎的な知識を与え，自分以外の人たちの考えを理解できるようにすること，「なぜ・どうして」「何が問題なのか」と批判的に考えながら行動する力を養い，それらを用いて問題解決ができるように導く教科と考えます。したがって，社会の問題点（現状・制度）そのものがまさに教材となります。曖昧だった生活概念，生活習慣の原因や理由を調査し，解決策を考えるために，よく見る，触れてみる，聴く，読む，実践してみる，そんなことを生徒に促すことができればと思います。生徒たちの生まれてから死ぬまでの人生という「Decision Tree」の根っこを太らせる力をつけさせたいのです。目標は「責任ある社会生活を送る大人にすること」です。

　本書は，授業が座学中心になりがちな現状にあって，実験・実習をはじめ，多様な実践活動を取り入れたいと思っていらっしゃる先生方に，生徒を引きつける魅力的な授業例を紹介していこうと取り組みました。テーマによっては結果（答え）が出ないことも多く，永遠に問い続け，学んでいかねばなりません。

生徒と向き合い，生徒とともに学ぶ，学んだ生徒の感想が新たなテーマとなる，その繰り返しです。筆者たちの長年の経験，培ってきた授業体験や生徒の感想などを中心に，実際に授業で使用した教材をもとに組み立てました。

　内容は，
　　　　　①授業の導入に使える小道具を使った気づきや問いかけの実践例，
　　　　　②身近な材料を使った簡単な実験・実習例，
　　　　　③発展的につながるワークシートやロールプレイ，
　　　　　④学習への興味・関心につながり，話し合いのきっかけになるコラムやデータ，年表資料
などで構成しています。

　「教材づくりは楽しい」と思うようになるまで時間はかかります。しかし，各種の情報にアンテナを張って努力する中で目の前の教材に気づくのではないでしょうか。
　「楽しい授業が作りたい」，そんなときのヒントとして本書がお役に立てれば幸いです。

　　　　　　　　　　　　　　　　　　2015年6月　　　　　　下野房子
　　　　　　　　　　　　　　　　　　　　　　　　　　　　吉田幸子

も く じ

はじめに　2
本書をご活用いただくに当たって　7

I　ワークシートにまとめる活動編　9

これなあに？　― 実物を見せながら ―

　1　出生届から民法を知る ………………………………… 10
　2　胎教CDを聴いてみよう ……………………………… 12
　3　絵本から考える ………………………………………… 14
　4　ユニバーサルデザインって …………………………… 16
　5　マヨネーズから考える ………………………………… 18
　6　「野菜ジュース」は野菜と同じ？ …………………… 20
　7　新聞記事は何を語りかける？ ………………………… 22
　8　お金博士になってみよう ……………………………… 24

やってみよう　― 簡単な実験・実習例 ―

　9　自分のポスターをつくろう …………………………… 26
　10　結婚について考えてみよう ………………………… 28
　11　コーヒーフレッシュを作ってみよう ……………… 30
　12　○○特製オレンジドリンクを作ろう ……………… 32
　13　あなたの味覚は大丈夫？ …………………………… 34
　14　100kcalの模型を作ってみよう …………………… 36
　15　災害時の食事，どうする？ ………………………… 38
　16　和風だしを味わってみよう ………………………… 40
　17　紙おむつから考えてみよう ………………………… 42
　18　手紙を書いてみよう ………………………………… 44
　19　風呂敷で包んでみよう ……………………………… 46

まとめてみよう！　― ワークシート例 ―

　20　自分をみつめる ……………………………………… 48
　21　デートDVについて考える ………………………… 50

- 22 家族について考える ……………………………………… 52
- 23 高齢者について考える …………………………………… 54
- 24 宣伝トリックを見抜こう ………………………………… 56
- 25 食品添加物を見分けよう ………………………………… 58
- 26 基礎代謝量とエネルギー必要量を計算しよう ………… 60
- 27 エネルギー消費量について考える ……………………… 62
- 28 制服から考える …………………………………………… 64
- 29 安全性と快適さに配慮した住まい方を考えよう ……… 66
- 30 リボルビング払いとは …………………………………… 68
- 31 クーリング・オフ制度について考えよう ……………… 70
- 32 悪質商法について考えよう ……………………………… 72
- 33 給与明細から見えてくるもの …………………………… 74
- 34 高校入学時の年間教育費を試算してみよう …………… 76
- 35 メモリーノートに書くことは？ ………………………… 78
- 36 ベーシックマナー ………………………………………… 80

演じて理解しよう ― ロールプレイ例 ―

- 37 性別役割分業意識 ………………………………………… 82
- 38 性的自立 …………………………………………………… 84
- 39 出生前診断 ………………………………………………… 86
  - ロールプレイに関する資料 …………………………… 88

Ⅱ 授業でいかす資料編 89

これ知ってる？ ― 豆知識・コラム ―

- 40 ことわざはいろいろなことを教えてくれます ………… 90
- 41 朝食を食べると成績は上がるの？ ……………………… 91
- 42 食情報に踊らされていませんか？ ……………………… 92
- 43 日本の食事がすばらしい能力を発揮させる！ ………… 93
- 44 エネルギーの使われ方には順番があるの？ …………… 94
- 45 ゼラチンとコラーゲンって何が違うの？ ……………… 94
- 46 なぜ野菜から食べた方がいいの？　一口30回噛むとどうなるの？ … 95
- 47 コレステロールって無用，悪者？ ……………………… 96
- 48 アミノ酸で筋力がつくの？　アミノ酸って疲労回復剤？ … 97
- 49 あなたの体が語りかけている食べもの！ ……………… 98
- 50 卵は，賞味期限を過ぎたら食べられないの？ ………… 98

- 51 トランス脂肪酸って何のこと？ ... 99
- 52 「人は見た目より中身が大切」と考えていませんか？ ... 99
- 53 デニムとジーンズ　どう違うの？ ... 100
- 54 デニールと番手って知っていましたか？ ... 100
- 55 生活の中にある色には意味があるの？ ... 101
- 56 人が死ぬと必ず財産がもらえるの？ ... 101
- 57 こんな住宅用語，わかりますか？ ... 102
- 58 ペンフィールドの脳地図知ってる？ ... 103
- 59 森永ヒ素ミルク中毒事件 ... 104
- 60 使い捨てナプキンを作り出したのは誰？ ... 104
- 61 中・高校生の死因の1位もがん（悪性新生物）ですか？ ... 105
- 62 食物繊維を摂ると便秘がよくなり，がんを予防できるの？ ... 105

いくらになるかな？　― 生活データ集 ―

- 63 無償労働報酬（家事労働）はいくらになる？ ... 106
- 64 新聞広告料金 ... 107
- 65 人生のさまざまなライフイベントにいくら必要か？ ... 108
- 66 みんなこんなに貯蓄あるの？　平均値と中央値　どう違うの？ ... 109
- 67 衣服のリフォーム，修繕費はいくら？ ... 110
- 68 私たちの体はどのくらいの期間で作られているの？ ... 111

歴史を振り返ろう！　― 年表例 ―

- 69 家族関係年表 ... 112
- 70 食生活に関わる年表 ... 114
- 71 食品添加物年表 ... 116
- 72 消費者問題年表 ... 118
- 73 環境問題年表 ... 120

実践を盛り込んだ授業案

- 74 自分をみつめる ... 122
- 75 紙おむつから考えてみよう ... 124
- 76 災害時の食事，どうする？ ... 126

おわりに　127

本書をご活用いただくに当たって

　本書は，授業で実際に取り上げた教材をもとに，下記の三つのコンセプトを基本に組み立てています。これらは一例にすぎません。簡単にしてありますが，教材に仕上げるためには一つのテーマについてできる限りたくさんの資料を読み，そこから絞り込まれる大切なポイントをまとめていく作業が基本になっていることは言うまでもありません。

①すべての教材は1時間（45〜50分）を基準としています。
②指導の手引きには「領域」「目的」「準備」「生徒への呼びかけ」「方法」「資料」「生徒の反応・回答例」「参考文献」などを示しています。
③「Ⅰ　ワークシートにまとめる活動編」では，指導の手引きに加え，生徒用ワークシートをつけています。

＊以下，各テーマの【題材例】は，本書では取り上げることができなかった内容を入れています。

Ⅰ　ワークシートにまとめる活動編

これなあに？　― 実物を見せながら ―
▶授業の導入に使える小道具を使った気づきや問いかけの実践例から意欲を引き出す

　「意欲」を引き出すには，生徒の興味や知的好奇心を促す「しかけ」が必要になります。その方法の一つに，生徒の身近にあるものを小道具として使用することがあります。小道具の選定には，生徒の日常の会話・行動・持ち物などをよく観察しておくことが大切です。
【題材例】市販おにぎり，弁当，飲料，菓子，マンガ，音楽CD，雑誌・新聞記事，広告，サプリメント，各地域のごみ袋　など

やってみよう！　― 簡単な実験・実習例 ―
▶身近な材料を使った簡単な実験をおこなう

　実験・実習は体験することで科学的根拠を理解したり，問題点を明確にし，解決する目的で行われます。教材は，教師が教室で見せる簡単な実験や生徒がグループで行うものなど，幅広い内容で組み立てています。
【題材例】卵の調理性，小麦粉の種類，寒天とゼラチンの比較，布の性質，基礎縫い，洗剤の働きと洗浄，住宅広告，カラーコーディネート　など

まとめてみよう！　― ワークシート例 ―
▶学習プリントや練習問題に取り組み，問題点を明確にさせる

　ワークには，授業のまとめや知識を定着させるものと問題を意識化させるものがあります。本書では問題点を意識化させる「しかけ」として，身近な内容で組み立てています。
【題材例】環境問題，ライフスタイル，子どもの権利・虐待，食生活調査，食料自給率，高齢者介護　など

演じて理解しよう　― ロールプレイ例 ―
▶ 状況設定の中で役割を演じ，それぞれの立場の理解につなげさせる

　問題解決学習の教材として行います。まず，状況設定を行い，登場人物を演じさせることにより，その立場を理解させたり，問題点を明らかにさせます。ときには一人で「自分だったら」と演じさせる方法もあります。
【題材例】結婚，子どもを産む・産まない，夫の育休，離婚，親の介護，職業の選択，持ち家 or 賃貸　など

Ⅱ　授業でいかす資料編

これ知ってる？　― 豆知識・コラム ―
▶ 授業にアクセントをつけ，生徒の興味・関心につなげさせる

　授業の導入や学習の興味・関心・話し合いの「しかけ」として準備します。問題点を意識化させるとともに，教科書で学んだ内容をより深く身近なものにすることができます。授業のスパイスになります。
【題材例】脂と油，ダイエット，ストレスと疾病，ロコモティブシンドローム，サルコペニア肥満，バーチャルウォーター，食品ロス率，動物の食性，世界の珍税（犬税や独身税など），生涯賃金　など

いくらになるかな？　― 生活データ集 ―
▶ 抽象的な内容を具体的な数字で示して理解しやすくする

　さまざまな内容を具体的な数字やグラフにして生徒に示すことで，より深く理解させることができます。家庭科の授業にはデータがつきものです。しかし実際には，刻々とデータは変化します。常に新しいデータを掌握しておくことが必要になります。
【題材例】住宅ローン，教育費，家計，生涯賃金，労働力率，合計特殊出生率，食料自給率，世帯構成の割合，人口動態，性別役割分業意識の変化，国民健康・栄養の現状，離婚率，未婚率　など

歴史を振り返ろう！　― 年表例 ―
▶ 身近なものの歴史を振り返ることで現在を理解させる

　さまざまな社会現象の今を理解するためには，歴史を振り返ることが大切です。長い歴史によってつくられた現在を見つめさせます。
【題材例】教育，労働環境，食文化，服装史，死亡率，人口動態，住居の移り変わり，結婚の歴史　など

実践を盛り込んだ授業案
▶ 1時間の授業設定で実践できる授業事案例で学ばせる

　授業の中で時間配分は重要です。途中で終わってしまうとまとまりのない授業になってしまいます。特に実験・実習は時間配分が必要で，短縮できる部分や適切なアドバイスなどポイントを絞り，まとめまで導くことが大切です。「所要時間のめやす」「授業展開」「指導上の留意点」「コラム」などを示しています。

I

ワークシートにまとめる活動編

これなあに？
――実物を見せながら――
10

やってみよう
――簡単な実験・実習例――
26

まとめてみよう！
――ワークシート例――
48

演じて理解しよう
――ロールプレイ例――
82

これなあに？ ―実物を見せながら―

1 出生届から民法を知る　指導の手引き

領　域	家族（家族，家族の法律）
目　的	婚姻・夫婦・親子に関する法律を学ぶ上で，生徒たちの興味を喚起させ，難しい言葉をより身近に，深く理解させる。

【準　備】
● 出生届を市区町村役場からもらい，コピーしてワークシートを作成する。特に説明の必要な箇所に印をつけておく。実物を見せるため，クリアファイルに入れおく。

【方　法】
1．呼びかけ
　　教師：「今日は，法的手続きの中から民法の一部を学びましょう。印のついているところから見てみましょう」
2．ワークシートの説明（出生届の着目点について）
　　◇夫の子と推定（772条1項）
　　◇民法300日規定（772条第2項）・再婚禁止期間（733条）→下図
　　◇嫡出子と非嫡出子
　　◇婚外子の場合の父母の氏名欄：母親欄のみに母親が記名
　　◇その他の欄：子の父または母が戸籍の筆頭者になっていない場合，希望する本籍地を書く

【資　料】
＊医師または助産師からの出生証明書がないと出生届は受理されない。
＊誰が父親，母親であるかは，戸籍・氏，親権，教育，相続など子の一生に関わる重大問題になってくる。体外受精の問題は残るが，法律的には血縁関係よりも出産した人が子の母親と決められている。しかし誰が父親であるかは大きな問題となる。したがって，民法772条や733条は，子の父親を明確にするための規定である。
＊事実婚を選択した場合や，未婚の母の場合は父親の欄の記載はできない。
＊嫡出子，非嫡出子の相続差別規定が削除された改正民法が2013年に成立した。しかし，出生届に【□嫡出子（婚内子），□嫡出でない子（婚外子）】のチェック欄は残ったままで，戸籍法の改正はされていない（2015年5月現在）。「嫡出」という言葉には，正当な，法的に結婚した男女の子といった意味がある。
＊婚外子である子の届け出をする際，「父母との続き柄」の記載をしないと出生届は受理されないことがあり，悲しい思いをする母親も多い。法務省は，2010年，一定の条件を満たした場合は「父母との続き柄」欄の記載がなくても，「その他」の欄に「母親の氏を称する」「母親の戸籍に入籍する」などを記入すれば受理されるとしている。役所の窓口ではいったん記載を求めるが，応じない場合は上記の方法を伝えるという手順のようだ。書式自体が子どもを生まれながら差別するものと，戸籍法の規定撤廃を求める声は大きい。
＊離婚後300日以内に生まれた子は「前夫の子」とする規定は，多くの問題を残す。離婚成立が長期化すれば，新しい夫の子であっても前夫の子になってしまう。早産の場合も同様である。DVなどで前夫から逃げている場合もある。この規定のために戸籍のない子どもさえいる。
　再婚した後，実際の父の子として認知してもらうためには，①前夫から嫡出否認の手続きをしてもらう，②前夫を相手に子または母親（元妻）が父子関係不存在の調停をする，③子または妻が実父に対して認知を求める調停申請をし，DNA鑑定で証明してもらう，などの煩雑でお金のかかる手続きが必要となる。

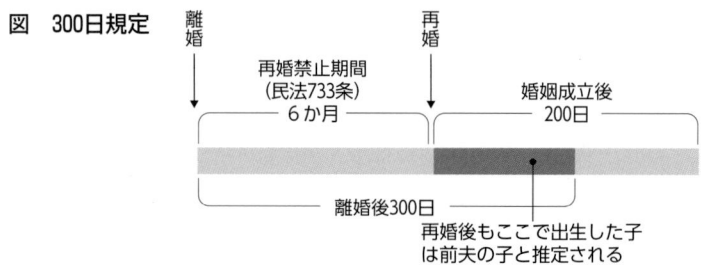

図　300日規定

	年	組	番

出生届から民法を知る

○「出生届」を見て、民法について考えてみよう。

出 生 届

平成　年　月　日届出

　　　　　　　　長 殿

受理 平成　年　月　日 第　　　　号	発送 平成　年　月　日	
送付 平成　年　月　日 第　　　　号		長印
書類調査	戸籍記載	記載調査	調査票	附票	住民票	通知

(1)	子の氏名 (よみかた) (外国人のときはローマ字を付記してください)	氏　　　　名	父母との続き柄　□嫡出子（　　）□男 　　　　　　　　□嫡出でない子　　　□女
(2)	生まれたとき	年　月　日　□午前／□午後　時　分	
(3)	生まれたところ		番地 番　号
(4)	住所 (住民登録をするところ)	世帯主の氏名　　　　　　世帯主との続き柄	番地 番　号
(5)	父母の氏名 生年月日 (子が生まれたときの年齢)	父　　　　　　年　月　日（満　歳）	母　　　　年　月　日（満　歳）
(6)	本籍 (外国人のときは国籍だけを書いてください)	筆頭者の氏名	番地 番
(7)	同居を始めたとき	年　月（結婚式をあげたとき、または、同居を始めたときのうち早いほうを書いてください）	
(8)	子が生まれたときの世帯のおもな仕事と	□1.農業だけまたは農業とその他の仕事を持っている世帯 □2.自由業・商工業・サービス業等を個人で経営している世帯 □3.企業・個人商店等（官公庁は除く）の常用勤労者世帯で勤め先の従業者数が1人から99人までの世帯（日々または1年未満の契約の雇用者は5） □4.3にあてはまらない常用勤労者世帯及び会社団体の役員の世帯（日々または1年未満の契約の雇用者は5） □5.1から4にあてはまらないその他の仕事をしている者のいる世帯 □6.仕事をしている者のいない世帯	
(9)	父母の職業	（国勢調査の年…　年…の4月1日から翌年3月31日までに子が生まれたときだけ書いてください） 父の職業　　　　　　母の職業	

その他

届出人　□1.父母　□2.法定代理人（　　）□3.同居者　□4.医師　□5.助産師　□6.その他の立会者
□7.公設所の長

住所　　　　　　　　　　　　　　　　番地 番　号
本籍　　　　　　　　番地 番　筆頭者の氏名
署名　　　　　　　印　　　年　月　日生

【感想・気づいたこと】

11

これなあに？ ― 実物を見せながら ―

2 胎教CDを聴いてみよう　指導の手引き

領 域	子ども（子育て）
目 的	科学の進歩とともに胎児環境の重要性がわかってきた。胎教CDを聴きながら胎児や妊婦の気持ちになり，今後の妊娠や子育ての参考にさせる。

【準　備】
1. 胎教CD（モーツァルトやビバルディなど，多く市販されている），CDプレイヤー
2. ワークシート

【方　法】
1. 呼びかけ
　　教師：「今日は皆さんに胎児になってもらいます」　　静かに目をつぶらせ胎教CDを聴かせる。
　　教師：「どうでしたか？」
2. ワークシートの説明
　　設問1．今の気持ちをまとめさせる。
　　設問2．意見を書かせ，生徒に発表させる。
　　　理由：曲のリズムが，人のリラックスしている心拍数に合うため，母親と赤ちゃんの心拍数が安定し，気持ちよく落ち着くと言われている。
　　設問3．20週頃。妊娠6週で三半規管ができ上がり，3か月で内耳は大人と同じくらいに完成し，20週を過ぎると胎外の音を聞くことができる。
　　設問4．産婦人科医が母親を通じて幼児79人に聞き取り調査をしたところ，「胎内」は53％，「出産時」は41％が，記憶を口にしたという（朝日新聞2001年9月23日）。
　　設問5．答え：胎児
　　　理由：胎盤から分泌される副腎皮質刺激ホルモン放出ホルモンが一定量を超えると，胎児の脳を刺激して，副腎皮質刺激ホルモンを放出する。その刺激でDHEA（デヒドロエピアンドロステロン）ホルモンが分泌され，これが陣痛を引き起こすといわれる。
　　設問6．タバコ，酒，薬，ストレス，病気，感染症，食べ物　など

【資　料】
● 胎児は子宮の中でお母さんの心臓の鼓動や血流音などを聞きながらすごしている。泣いている赤ちゃんに血流音を聞かせると泣き止むことは，よく知られている。すでに血流音を内蔵したぬいぐるみが出産祝いとして販売されている。
● 胎児はすでに父母の声の記憶があると言われている。
● 母親が心地よいと感じられれば，どんなジャンルの曲でもよい。

参考文献：池川明『おぼえているよ。ママのおなかにいたときのこと』リヨン社，2002年
　　　　　池川明『子どもはあなたに大切なことを伝えるために生まれてきた。』青春出版社，2010年
　　　　　大島清『胎児からの子育て』築地書館，1995年
　　　　　池川明『胎内記憶』角川SSコミュニケーションズ，2008年
　　　　　リンダ・ゲッデス『妊娠・出産・育児の不思議がわかる103の話』真喜志順子訳，KADOKAWA，2014年

「胎児にもパーソナリティが存在する」
　母親たちにインタビュー形式で行った調査で，おなかの中の子どもの行動と誕生したあとの行動結果に，明らかにパーソナリティの連続性が見られることがわかった。おなかの中で活発に動いた子どもは，誕生後も活発で，逆に動かなかった子はおとなしい。また，おなかの中にいるときに母親が歌うとよく動き，音楽に反応していた子どもは，音楽好きの子どもに成長する傾向がある，などである。
　人間の一生の中で，母親の胎内にいる期間は必要不可欠な発達期であり，それは誕生後の人生と同じくらい重要な時期であるといえるのだ。（ラフラー・エンゲル『胎児は学ぶ』本名信行訳，大修館書店，1993年）

	年	組	番

☐ 胎教CDを聴いてみよう

1 胎教 CD を聴いた感想をまとめてみよう。

2 胎教 CD は，なぜたくさん発売されているのだろうか。あなたの考えをまとめてみよう。

3 胎児は妊娠何週頃から胎外の音が聞こえていると思うか。
（　　　　　）週頃

4 胎内の記憶はあると思うか（○で囲む）。
（　ある　　ない　）

5 近年の医学や科学の進歩により，胎児の能力などが明らかになってきた。
＊出産日（自然分娩）は誰が決めているのだろうか（○で囲む）。
（　親　　胎児　　医師　）

理由：

6 胎児を取り巻く危険因子には，どのようなものがあるだろうか。

【感想・気づいたこと】

これなあに？ ― 実物を見せながら ―

3 絵本から考える　指導の手引き

領　域	その絵本から考えさせたい内容（子ども，食，住，環境などすべて）
目　的	絵本の中には，さまざまなメッセージが込められている。しかし，絵本は読む人によって感じ方や受け取り方はさまざまである。自分なりにメッセージを読み取り，他人の意見を聞くことで多様な考え方や価値観を知るようにさせる。

【準　備】
1．ワークシート
2．A・Bどちらからかの方法で準備する。
    A：生徒自身が準備する。自分の家にある絵本や図書館などで借りてくる。
    B：教師が2冊の絵本を準備する。
       この場合は，教師が読むかまたは代表の生徒に読ませる。生徒には事前に依頼し，読む練習をさせる。

【方　法】
＊ワークシートのドロシー・ホワイトの言葉を読む（できれば全文）。
＊子どもの気持ちになって取り組むように伝える。
＊Aの方法
  1．設問1〜3に答えさせる。
  2．最後の20分で，数人の生徒に自分が持ってきた絵本を読ませる。
  3．ほかの生徒が読んだ絵本を聞いて，その中の一つの感想を設問4にまとめさせる。

＊Bの方法
  1．1冊の絵本を教師か代表生徒が読む。
  2．設問1〜3に答えさせる。
  3．最後の10分で代表生徒にもう一冊，絵本を読ませる。
  4．読んだ絵本を聞いて，感想を設問4にまとめさせる。

【資　料】　＊絵本例
佐野洋子『100万回生きたねこ』講談社，1977年（生きる意味・誰かを愛したり，好きになれることは幸せなこと）
池田香代子，C.ダグラス・ラミス『世界がもし100人の村だったら』マガジンハウス，2001年（たべもの編，子ども編，完結編）（食や世界の子どもについて考える）
ダイアナコールス『アリーテ姫のぼうけん』グループ・ウィメンズ・プレイス訳，学陽書房，1992年（ジェンダーを学ぶ。シンデレラ，白雪姫などと違う点に注目させる）
伊藤美好・池田香代子『11の約束　えほん教育基本法』ほるぷ出版，2005年（教育基本法について知る）
坂本義喜原案，内田美智子『いのちをいただく』講談社，2013年（生命と食を考える）
なかがわりえこ『ぐりとぐら』シリーズ，福音館書店，1967年〜（心のあり方を考える）
マーガレット・ワイズ・ブラウン『たいせつなこと』フレーベル館，2001年（あなたにとって大切なことは…）
アリスン・マギー『ちいさなあなたへ』なかがわちひろ訳，主婦の友社，2008年（子育てについて）

＊絵本の選び方
　自分が子どもになったつもりで，子どもの年齢に合ったものを選ぶ（裏表紙などに対象年齢が書いてある）。子どもが少し大きくなったら，図書館や書店で子ども自身が興味をもったものを選ばせる。季節感や集団保育施設の行事などの内容を参考にするとよい。

＊絵本の読み聞かせ
　読み聞かせをする前に必ず下読みをすることが大切である。そのときには，絵本のテーマを考えながらどんな楽しみ方ができるかイメージする。子どもの喜びそうなところを意識し，声の抑揚をつけながら読む。
　読み聞かせのための参考文献：瀬田貞二『絵本論―瀬田貞二子どもの本評論集』福音館書店，1985年

	年　　組　　番

▢ 絵本から考える

○絵本を読んで，感じたことをまとめてみよう

> 絵本は，子どもが最初に出会う本です。長い読書生活を通じてひとの読む本のうちで，いちばん大切な本です。その子が絵本のなかで見つけだす楽しみの量によって，生涯本好きになるかどうかが決まるでしょう。（ドロシー・ホワイト）

1 絵本

書　名	
著者名	
出版社	

2 ストーリーをまとめてみよう。

3 この絵本のテーマは何だろうか。

4 ほかの絵本の内容を聞いた感想をまとめてみよう。

　　書名「　　　　　　　　　　　　　　　」

【感想・気づいたこと】

これなあに？ ― 実物を見せながら ―

4 ユニバーサルデザインって　指導の手引き

領　域	高齢者，共生社会
目　的	身近にある商品にはさまざまな工夫がされていることを確認させ，誰もが暮らしやすい，行動しやすい社会をめざすための理解を深めさせる。

【準　備】
1．ユニバーサルデザイングッズ（何でもよいができればグループ分用意する），ワークシート。
2．グッズ例：シャンプー・リンス⇒シャンプーのポンプの頭や側面に凹凸がある。リンスにはない。
　　　　　　牛乳パック⇒牛乳パックの上に丸いクボミ。ステープラー⇒押すだけで針いらず。
　　　　　　ジャムのビンの蓋⇒すべりにくく，開けやすい凹凸。千円札などの紙幣⇒隅に凹凸。

【方　法】
1．呼びかけ
　　教師：「これらの商品には，さまざまな工夫がされています。さてどんな工夫でしょう？」
　　生徒：「………」
　　教師：「これらはユニバーサルデザイングッズです」
2．ワークシートの説明
　設問1．ユニバーサルデザイン（Universal design）とは
　　　　Universalは全世界の，万人に通じるから転じて，機械・道具などがあらゆる目的にかなう，万能のという意味。「できるだけ多くの人が使いやすく設計された製品や情報・環境のデザイン」が基本コンセプトである。デザイン対象を障がい者に限定していない。
　設問2．ユニバーサルデザインの7原則とは（THE　CENTER　FOR　UNIVERSAL　DESIGN）
　　　　1）誰でもが公平に利用できること　　　　　2）使う上で自由度が高いこと
　　　　3）使い方が簡単ですぐわかること　　　　　4）必要な情報がすぐに理解できること
　　　　5）うっかりミスや危険につながらないこと（安全）　6）少ない力でも楽につかえること
　　　　7）アクセスしやすいスペースと大きさが確保されていること
　設問3．ユニバーサルデザイングッズを手に取らせ，設問3の工夫について回答させ，発表させる。
　設問4．身近なものについて考えさせる。

【授業の視点】
　たとえば骨折などをして，松葉づえや車いすを使うことは，誰にでも起こりうることである。そうなったとき，ほんの少しの段差でも気になるはずだ。また，たとえばちょっとした怪我などで利き手が使えず，トイレや食事に困ったり，筆記しにくい経験は誰にでもあるだろう。また誰でも高齢になれば，さまざまな機能が衰えてくる。誰もが暮らしやすい，行動しやすい社会にするために解決・工夫していこうとする姿勢が，ユニバーサルデザインには込められている。
　また，バリアフリーとは，段差や狭い通路など物理的なバリアを取り除くことのみならず，偏見や差別などの心理的バリアの解消が重要であることを理解させる。

【資　料】
●ユニバーサルデザインフード
　日常の食事から介護食まで幅広く使える，食べやすさに配慮した食品。ユニバーサルデザインフードのパッケージには必ずマークが記載されている（日本介護食品協議会）。

●カラーユニバーサルデザイン
　色の見え方が一般と異なる人（先天的な色覚異常，白内障，緑内障など）にも情報がきちんと伝わるよう，色づかいに配慮したデザイン。

ユニバーサルデザインって

| | 年 | 組 | 番 |

1 ユニバーサルデザイン（Universal design）とは何だろうか。

2 ユニバーサルデザインの7原則をまとめてみよう。

1	
2	
3	
4	
5	
6	
7	

3 ユニバーサルデザイングッズには，どんな工夫がされているだろうか。

グッズ名	工夫されている部分（具体的に）

4 新しいユニバーサルデザインを考えてみよう。

（困ったときを思い出し，こんな商品・こんな工夫があれば…などのアイデア）

【感想・気づいたこと】

これなあに？ ―実物を見せながら―

5　マヨネーズから考える　指導の手引き

領　域	食生活（脂質，エネルギー，卵の調理性，食品添加物）
目　的	身近な食品の食品表示から健康，食品添加物，調理性などについて考えさせる。

【準　備】
1．2種類以上のマヨネーズ（マヨネーズ・カロリーカット・低コレステロールなど）。
2．食品表示資料プリント（パッケージの表示を切り取り，そのままコピーして資料にする）。
3．前もって生徒に資料集めを指示しておく（自分の家で使っているマヨネーズのパッケージなど）。
4．ワークシート

【方　法】

1．呼びかけ
　教師：「これなあに？」とマヨネーズを見せながら生徒に問う。
　　　　数種類のマヨネーズを見せ，それぞれ，「なあに？」と質問する。

2．資料配布
- 食品表示資料を読み取らせ，記入用紙に記入させる。
　【商品名，品名（名称），原材料名，栄養成分，キャッチフレーズ，マークなど】
- 気づいたことや意見などをまとめさせ，自分の資料と比較する。
- 数人の生徒に発表させる。

3．まとめ
＊マヨネーズとは，半固体状ドレッシングに分類されており，卵黄と植物油と酢を混ぜ乳化させたもの。卵黄には天然の乳化剤（界面活性剤）であるレシチンが含まれている。1食分約大さじ1杯（15g）に含まれる脂質量は約11gで，エネルギー量は約100kcalと高い。エネルギー量を気にする消費者のニーズに合わせ，脂質量をカットしたり，コレステロールを下げたりする商品などが作られている。ただし，それらには食品添加物が加えられていることは言うまでもない。
＊脂質量が多い（→本書p.96「コレステロールって無用，悪者？」参照）。
＊キャッチフレーズ
　「カロリー50％カット」「コレステロールを下げる」「コレステロール0」
＊マーク
　ＪＡＳ，特保（特定保健用食品），公正マーク

4．その他
- 原材料名から食品添加物を探させるときは，「家では食品として使わないもの」を探させればよい。
- マヨネーズは，1925（大正14）年にキユーピーが発売した。当時庶民には，高嶺の花だった。戦後，生野菜をサラダとして食べる習慣が普及して，用途も広がった。
- マヨネーズは，水の中に油が分散している水中油滴型（Ｏ／Ｗ型）なので，口当たりがよい。→下図

　　　　　　　　界面活性剤（乳化剤）

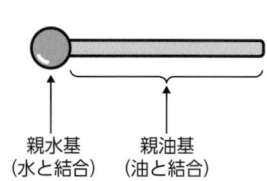 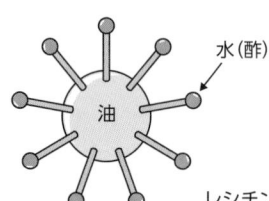

Ｉ　ワークシートにまとめる活動編

☐ マヨネーズから考える

　　　　　　　　　　　　　　　　　　　　| 年 | 組 | 番 |

【記入用紙】

商品名			
品名（名称）			
原材料名			
栄養成分 15g（約大さじ1）	エネルギー(kcal)			
	たんぱく質（g）			
	脂質（g）			
	炭水化物（g）			
キャッチフレーズ			
マークなど			

【感想・気づいたこと】

これなあに？ ―実物を見せながら―

6 「野菜ジュース」は野菜と同じ？　指導の手引き

領　域	食生活（食物繊維），消費者
目　的	食品情報は正しいか考えさせ，さまざまな視点から情報を判断する力を養わせる。

【準　備】
1．野菜ジュース
2．野菜ジュースの資料作成は，紙パックを切り開いてそのままコピーして資料とする。
3．ワークシート

【方　法】
1．呼びかけ
　教師：「『1日分の野菜』と書いてあります。これ1本飲めば1日分の野菜が摂れると思う人はいますか？」と聞き，挙手をさせる。
　教師：「それでは，この野菜ジュースの表示からさまざまなことを考えてみましょう」
　　　　ワークシートの設問1～4に回答させる。
2．設問3の生徒の記入例
- 350gの野菜が摂れる
- 30種類の野菜が摂れる
- カルシウムや鉄分が摂れる
- 元気になれそう
- 便秘がよくなりそう
- 美しくなれそう

【資　料】
＊「果物ジュース」でも同様に行うことができる。
＊二人の生徒に，りんごジュースとりんご1個をそれぞれ試食させ，その状態を観察させる方法もある。生徒に気づいたことを聞くと，「ジュースはあっという間に飲んでしまうが，りんごを食べている生徒は時間もかかるし，噛まなければならない」などと答える。これにより，違いがよく理解できる。
＊ミキサーで作った手作りの野菜（果物）ジュースとパックなどで売られている野菜（果物）ジュースには，大きな違いがある。ミキサーでつくった手作り野菜（果物）ジュースは，すべてを飲むことでビタミン，ミネラル，食物繊維の多くを摂取できる。
＊濃縮還元と表示されているジュースは，水分を飛ばし輸送される。よって水溶性の栄養素は，ほとんど失われているので，加工するときに水分とともにビタミンC，マグネシウム，カルシウム類が添加される。

●表示のQRコードから産地（国）を知ることができる。
　JAN（Japanese Article Number）コード
　　JIS（日本工業規格）で決められた共通商品コード用のバーコード。
　　13桁の標準バージョンと8桁の短縮バージョンがあり，国コード，取引先メーカーコード，商品アイテムコード，チェックデジットから構成されている。
　　日本の国コードは「49」と「45」である。

■JANコード

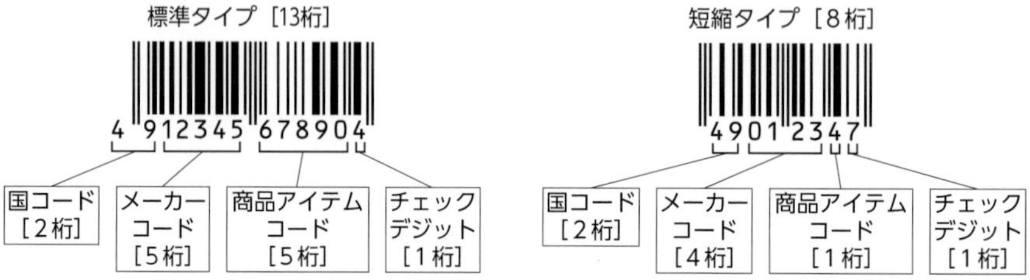

標準タイプ［13桁］

短縮タイプ［8桁］

	年	組	番

☐ 「野菜ジュース」は野菜と同じ？

1 1本飲めば1日分の野菜が摂れるだろうか。
　　そう思う　　・　　そうは思わない　　（○で囲む）

2 1でどうしてそう思うか，理由をまとめてみよう。

3 資料のジュースの表示からどのようなことが読み取れるだろうか。箇条書きにしてみよう。

1	
2	
3	
4	
5	
6	

【資料：野菜ジュースの表示例】

不足しがちな野菜の摂取目安量＊は1日350g。本品は野菜350g分を使用し，野菜のおいしさをギュッと濃縮して仕上げています。（＊厚生労働省の推奨量）

1本にきっちりつまった栄養素！

本品は野菜を搾る過程で減少してしまう主栄養成分がきちんと摂れるよう，ビタミンC，カルシウム等の栄養素をきっちり補っています。

栄養成分表示　1本（200mL当たり）

エネルギー	80kcal	食物繊維	3.5g
たんぱく質	2.0g	ビタミンA	1,000μg
脂質	0.0g	ビタミンC	55mg
糖質	18g	カルシウム	130mg

4 もっとも気になった表示を書き出してみよう。

【感想・気づいたこと】

これなあに？ ― 実物を見せながら ―

7 新聞記事は何を語りかける？　指導の手引き

領　域	すべての問題
目　的	私たちは多くの情報の中で暮らしている。情報源の一つに新聞がある。新聞記事には，教科書や資料集には掲載されていない最新のニュースや資料が載っている。教科書の内容を具体的に身近なものとしてとらえさせる。

【準　備】

1. 数種類の新聞（朝刊，夕刊）を準備する。
   （当日準備できなかった生徒用に，教師が数テーマの新聞記事を準備しておく。1か月の新聞の値段を調べておく）
2. 新聞記事を生徒に準備させる。
   - 1か月程度前から，自分の興味あるテーマに絞って新聞記事を準備するよう課題を出しておく。
   - 家庭に新聞がない生徒は，インターネットから印刷したり，雑誌の記事を集めてもよい。
3. 生徒に自分の家の1か月の新聞代を調べさせておく。
4. 貼り付け用のり
5. ワークシート

【方　法】

1. 呼びかけ
   教師：（新聞を見せながら）「1か月の新聞代，いくらか知っていますか？」
   生徒：「1,000円，2,000円，3,000円………」
   教師：「この新聞は1か月○○円です」
   　　　「今，皆さんのまわりには何種類の新聞があると思いますか？」
   生徒：「○○新聞，△△新聞……」
   教師：「日本には，その土地，土地ごとの地方紙があります。また，代表的な全国紙には，読売新聞，朝日新聞，毎日新聞，日本経済新聞…などがあります」
   　　　（新聞を広げながら）
   　　　「新聞には1面から36面（紹介する新聞で確認する）あり，それぞれに役割があります」
   　　　「1面は………」
   　　　「この広告はいくらになるかな…」（→本書p.107「新聞広告料金」参照）
   　　　「それではプリントの所定の位置に新聞記事を貼りましょう」
   生徒：「先生，新聞記事が大きくて貼れません………」
   教師：「新聞記事が大きくて貼れない場合は，この実習終了後にワークシートの裏に貼りましょう」
2. ワークシートに従って回答させる。
3. 数人の生徒に設問3と感想を発表させる（時間がない場合は，次の授業のときでよい）。

【発展】

- ノートを準備させ，「新聞切り抜き帳」として最低，週1，月2などと決め，記事の切り抜きを1年間続けさせたり，長期休暇課題として取り組ませる（スポーツ系の記事ばかりを切り抜きする生徒もいるが，それも認める）。
- 授業の導入として新聞記事を読ませたり，生徒に新聞記事を紹介させることで授業内容を身近な問題としてとらえることができる。新聞が入手できない生徒には，教師が相談にのる。

【資　料】　＊生徒の感想

- 今の日本社会で何が起こり，何が問題になっているか知ることができた（見出しの大きさの違いに注目して）。
- 普段は見ない新聞記事を見るようになり，勉強になった。
- 衣食住に興味がもてるようになった。
- みんながどんなことに興味をもち，どう考えているか知ることができた。
- 新聞記事には，知らない言葉も多く，思っていたより難しかった。

	年	組	番

☐ 新聞記事は何を語りかける？

（　　　　）新聞（　）刊（　　　年　　月　　日　　曜日）
見出し（　　　　　　　　　）

新聞記事貼付欄

---

1 新聞記事を注意深く読み，大切だと思う部分にラインを引こう。

2 記事の要旨を書いてみよう。

---

3 記事から見えてくる問題点や課題を簡単にまとめてみよう。

【感想・気づいたこと】

これなあに？ —実物を見せながら—

8 お金博士になってみよう　指導の手引き

領　域	経済生活（自立，家計と経済）
目　的	経済生活のスタートとしてお金に対する認識を新たにし，知識を広げさせる。

【準備】

● ワークシート，紙幣（クレジットカードなど）

経済生活の導入としておこなう授業のため，紙幣を教室に持参する。あれば旧紙幣なども見せられるとよい。硬貨は生徒が持っているものを確認させればよい。

【方法】

1. 呼びかけ
   教師：「お金についてどんなことを知っていますか？　クイズに答えながら，考えてみましょう」
   紙幣を見せてから，ワークシートに解答させ，説明する。
2. お金の歴史を話しておく。
   「物々交換」から，みんなが欲しがる共通のものを媒体にする塩・布・穀物などの「物品貨幣」に代わり，やがて壊れたり，腐ったりせず，質が変わりにくいもの，貴重品である「金，銀，銅」などがそれにとって代わった。さらに，「金・銀・銅を用意するのは大変」ということから紙幣が登場した。

【クイズ（ワークシート）の解答】

設問1．紙幣（日本銀行券），硬貨（補助貨幣）
　　　その他，お金として使えるものには，商品券，エディカード，図書カードなどのプリペイドカード，各種カード・プラスチックマネーなどがある。
設問2．①需要，②供給，③増える，④減る
設問3．①利率（金利），②利息（利子），③預金
設問4．紙幣：1万円（福沢諭吉），5千円（樋口一葉），2千円（紫式部），千円（野口英世）
　　　硬貨：500円（桐），100円（桜），50円（菊），10円（平等院），5円（稲穂・水・歯車），1円（若木）
　　　　　　　　　　　　　　　　　　　　　　　　　　　　　　　　　　（　）内は主な肖像，図柄
設問5．①紙幣：日本銀行，②硬貨：政府
設問6．①紙幣：国立印刷局（切手や郵便はがきなども印刷している）
　　　②硬貨：造幣局（記念コインやメダルなども作っている）
設問7．①唯一の発券銀行，②政府の銀行として，税金や政府のお金を預かる，③銀行の銀行
設問8．①交換手段（一番大きな役割），②価値の尺度，③価値の貯蔵手段
設問9．紙幣の3分の2以上残っていれば全額交換，5分の2以上～3分の2未満の場合は半額を交換，5分の2未満では交換できない。
設問10．①E：ユーロ（euro），②d：ドル（dollar），③y：円（yen）
設問11．中国ではきれいな貝がお金の役割を果たした時期があった。中国からの輸入品である漢字を見てみると，金銭に関わる漢字には，貝の字がつくことが多い。
　　　【例】買・賣（売）・費・賃・貿・貯・賀・貧・貴・賄賂・貫・貪・財・貨・販・頒・資・質・賠　など

参考文献：池上彰『知らないと損をする　池上彰のお金の学校』朝日新聞出版，2011年
　　　　　池上彰『14歳からのお金の話』マガジンハウス，2008年
　　　　　中村達也『お金ってなんだろう』岩崎書店，2006年
　　　　　伊藤正道『現金だけがお金？』岩崎書店，2006年

	年	組	番

□ お金博士になってみよう

●クイズに答えながら，お金博士になってみよう。

1 日本でお金として扱われるものを書き出してみよう。

2 物の値段は？
　＊物の値段は（①　　　　）と（②　　　　）によって決まる。
　＊物の値段とお金の量は，お金の量が（③　　　）と物の値段が上がり，お金の量が（④　　　）と物の値段は下がる。

3 お金の値段って，あると思う？
　銀行はお金を貸して利益を得ている。その貸し借りにつく値段の割合のことを（①　　　　），その額のことを（②　　　　）という。銀行の資金は，私たちの（③　　　　）である。

4 日本のお金の種類をその主な肖像，図柄とともに書き出してみよう。

5 日本でお金の製造をコントロールしているのはどこだろうか。
　①紙幣：（　　　　　　　　　　　）　②硬貨：（　　　　　　　　　　　）

6 日本のお金はどこで作られているだろうか。
　①紙幣：（　　　　　　　　　　　）　②硬貨：（　　　　　　　　　　　）

7 日本銀行の三つの役割を書き出そう。
　①　　　　　　　　　②　　　　　　　　　③

8 お金の役割は何だろうか。
　①　　　　　　　　　②　　　　　　　　　③

9 紙幣はやぶれてしまったら，もう使えないのだろうか。

10 ＥｄｙマネーのＥｄｙは何の略だろう。
　①Ｅ　　　　　　　　②ｄ　　　　　　　　③ｙ

11 お金に関係する漢字を書き出してみよう（貝の字が入っているよ）。

【感想・気づいたこと】

やってみよう ―簡単な実験・実習例―

9 自分のポスターをつくろう　指導の手引き

領　域	青年期の課題（自分らしさ）
目　的	自分のポスターを作ることで，普段気づかない自分のライフスタイルや価値観などに気づかせる。他人に見えている自分を知る。

【準　備】
1. サンプルを見せ，実習の内容を説明し，新聞や雑誌，広告，写真などを準備させる。
2. はさみ，のりの準備をさせる。
3. ワークシートはＢ４の用紙を使うと貼るスペースが広くなり，充実したポスターとなる。
　＊教師自身のポスターを作っておくとよい。

【方　法】
1. ワークシートを配布し，自分を中心にしてさまざまなものを貼る。
2. ポスターの裏に記名させる。さらに次の授業で「ポスターから見えるあなた」について，聞かれてよい人は○，聞かれたくない人には×と記入させて，提出させる。
3. 次の授業では，「聞かれてよい」と表示されたポスターを提示し，「この人はどんな人だろう？」と数人の生徒に聞く。誰のポスターかは発表しない。教師と本人にしかわからないようにする。

【留意点】
1. 当日，生徒が忘れ物をするとまったく作業ができないので，あらかじめ注意をする。
　忘れた生徒は宿題とするが，その生徒の当日の課題を準備しておく。
2. 生徒はとても楽しく取り組む。時間オーバーしないように声かけをする。

【資料　生徒の作品例】

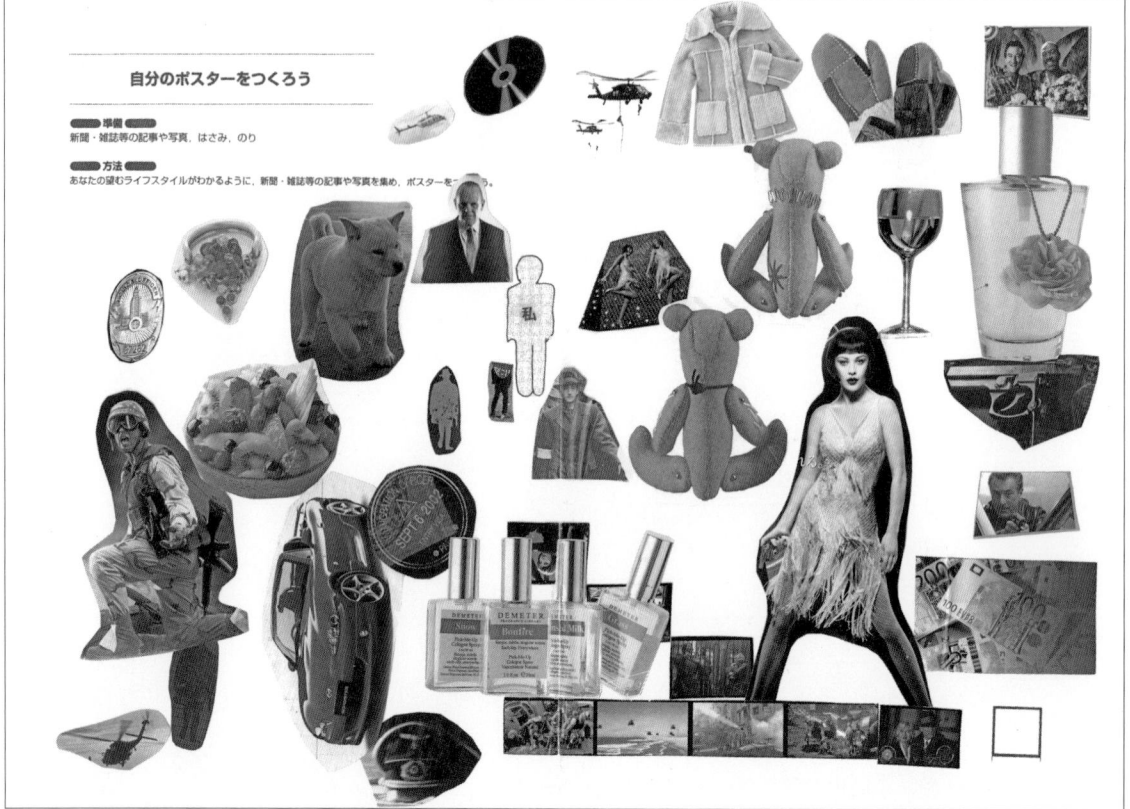

（記名は裏側に）

☐ 自分のポスターをつくろう

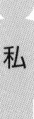

27

やってみよう ―簡単な実験・実習例―

10 結婚について考えてみよう　指導の手引き

領　域	家族（結婚，家庭生活）
目　的	結婚について考えさせる。結果から男女の価値観などの違いや共通点について確認させる。

【準　備】
1. ワークシート，資料
2. 入札カードの準備（1人5枚）
3. 入札カードを入れる，A～Lの不透明な袋を準備する。それを黒板にマグネットで留める。

【方　法】
1. 設問1に回答させる（これはきっかけづくりです）。
2. 設問2をおこなう。入札カードを1人5枚配布し，記号A～Lを選択し，それぞれのポイントを記入させた後，入札させる（袋に入れる）。
3. 設問3，4に回答させる。
4. 次の授業で設問2の集計結果を発表することを伝える。

【入札カード例】

性別（　男　　女　）
記号（　　　）：（　　　）ポイント

＊男女でカードの色分けをすると集計しやすい

【設問2．結婚するときに大切だと思う条件　集計結果】(2013年度愛知県高校3年生)

自分が大切だと思う結婚相手の条件は何ですか？	男性 高(ポイント)	男性 低(ポイント)	女性 高(ポイント)	女性 低(ポイント)	合計 人数(人)	合計 ポイント 男性	合計 ポイント 女性	合計 ポイント 合計
A　性格があう	50	10	40	10	28	315	375	690
B　健康である	30	20	20	15	13	210	70	280
C　収入の安定	0	0	30	10	12	0	205	205
D　共通の趣味	20	10	40	10	10	40	135	175
E　家事ができる	30	5	50	10	10	125	70	195
F　容姿がよい	30	10	25	10	10	120	55	175
G　資産，学歴	20	0	50	10	9	60	140	200
H　考えを理解してくれる	50	10	40	10	21	225	290	515
I　束縛しない	40	15	30	10	21	135	390	525
J　続柄（長男でないなど）	40	0	0	0	1	40	0	40
K　家族などと上手につきあう	40	10	5	0	5	70	10	80
L　子どもが好き	50	10	100	20	20	220	305	525

※表は平均的なクラスの結果であるが，クラスにより傾向が多少異なる。他クラスと比較するのもおもしろい。

【設問4．生徒の回答例】
＊結婚したい理由
- 「お帰り」「ただいま」などの挨拶のできる家族がほしいから
- 老後一人はいや　・子どもがほしい　・今の家族のように楽しい家族を持ちたいから
- 大好きな人と夫婦になれたら幸せ　・一人で生きていく自信がない
- 仕事をしたくないから　・大人になれば当然のこと　・独身は世間のイメージが悪い
- 両親に自分の結婚式を見せたい　・パートナーと支え合いながら困難を乗り越えたい

＊結婚したくない理由
- 相手と協力してやっていく自信がない　・自分の理想が高すぎるので多分結婚は無理
- 他人とかかわるのは面倒　・自分で自由に生活できることより，結婚するメリットが大きいとは思えない
- 自分の生活を他者によって制限されるのは嫌なので　・自分の性格上同じ人間と共存するのは無理
- 一人でいるのが好き　・相手に飽きると思う

【設問5．回答例】
- 近年，男女とも上昇を続け，女性は20歳前半から30歳に届く。
- 男女の年齢差も小さくなってきた。　・「晩婚化の現象」が見てとれる。

参考文献：井上輝子・江原由美子編『女性のデータブック』有斐閣，2005年
　　　　井上輝子『新・女性学への招待』有斐閣，2011年／山田昌弘『少子社会日本』岩波書店，2007年

	年	組	番

結婚について考えてみよう

1 あなたが結婚するときに大切だと思うことは何だろうか？

2 あなたが結婚するときに大切だと思う条件は何だろうか？
　○A～Lの中から大切だと思う条件を選び，入札カードに記号を記入し，ポイントをつけて入札する。
　【方法】
　①5枚の入札カードのポイントの　**合計が100ポイント**　になるようにする。
　　入札カードは，1～5枚のうち何枚を使ってもよい。
　②入札カードを，該当する記号A～Lの袋にそれぞれ入れる。

A　性格があう	B　健康である	C　収入の安定	D　共通の趣味	E　家事ができる
F　容姿がよい	G　資産，学歴	H　考えを理解してくれる		I　束縛しない
J　続柄（長男でないなど）		K　家族などと上手につきあう		L　子どもが好き

3 クラスの入札結果がどうなるか，ポイントの高い順に予測してみよう。
　　1位（　　　）2位（　　　）3位（　　　　）4位（　　　　）5位（　　　　）

4 結婚したい理由，したくない理由をまとめてみよう。

5 グラフを見て，わかることを書き出してみよう。
図　平均初婚年齢と年齢差の推移（1950～2013年）

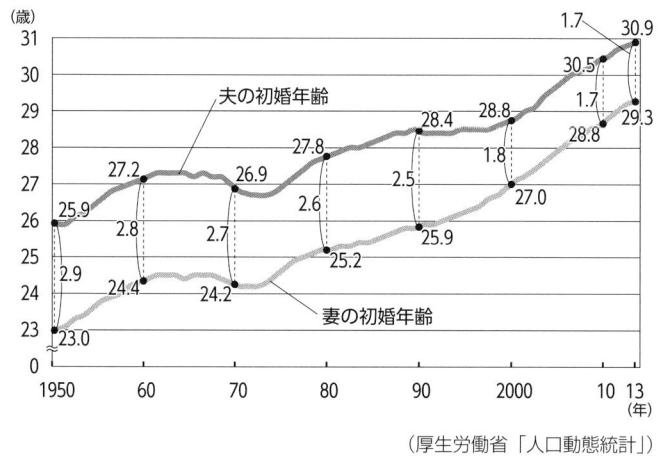

（厚生労働省「人口動態統計」）

【感想・気づいたこと】
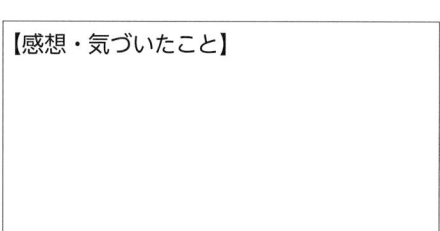

やってみよう ―簡単な実験・実習例―

11 コーヒーフレッシュを作ってみよう　指導の手引き

領　域	食生活（食品添加物）
目　的	乳化剤の役割，食品添加物だけでできあがっている食品があることを実体験させる。

＊教師のデモだけでもよい。時間があれば生徒に実験させたい。

【準　備】（用具・材料とも1班分，それぞれ班の数準備する）
○用具
・ガラス容器，200mLぐらいのもの，ガラスコップでよい（ただし透明のもの）
・縦型ブレンダー（なければ泡立て式のビーター）
・実物のコーヒーフレッシュ1個（表示を確認するため，入っていた袋をコピーしておく）
・「乳等を主原料とする食品のクリーミーパウダーの表示」も用意しておく

○材料
・水：50mL，サラダ油：20mL，グリセリン（乳化剤，純度100%液体）：大さじ2
・増粘多糖類（とろみ用）：小さじ2（アガー小さじ1/2弱を熱湯50mLによく溶かして
　　　　　　　　　　　　　　おいたもの）　　　　　　　　　（↑50mLで5班分）
・クリーミーパウダー：小さじ1/2
＊グリセリン：薬局・ドラッグストアで購入可能（500mLで1,000円程度）
＊アガー：菓子材料店で購入可能

結果2

【実験（設問2）】
1. 用意したガラス容器に水，サラダ油の順に入れ，かき混ぜて分離することを確かめる。 結果1
2. グリセリン，増粘多糖類を加えてよくかき混ぜる。さらにクリーミーパウダーを加え，ブレンダーでよくかき混ぜ（5分程度），白濁すればできあがり。工場ではほかの食品添加物とともに時間をかけて作られ，色素やミルクの香りをつけていることを説明する。
3. 市販品通りにはできあがらなくても，白濁した液体ができればよい。界面活性剤（乳化剤）があれば，水と油が混ざり合うということを確認させる。ここではグリセリンが界面活性剤に当たる。 結果2
4. グリセリンはドッグフードなどにもよく使われている。マヨネーズも卵黄（レシチン）が乳化剤，牛乳も牛乳に含まれるカゼインという乳タンパクが乳化剤になっていることを伝える。

【設問の回答例】
設問1．実験前生徒は，コーヒーフレッシュの原材料は，「牛乳！」「生クリーム」などと答える。
設問3．品質表示の確認例

コーヒーフレッシュ（例：18個入り　100円）
名　　称：植物性油脂クリーミング食品 原材料名：植物性油脂，乳製品，デキストリン，砂糖，カゼイン，pH調整剤，乳化剤，香料 　＊生徒に，原材料は水と植物油以外はほとんど食品添加物と伝えるとびっくりする。

クリーミーパウダーは，原材料が乳製品・乳糖となっている。（例：85g入り　257円）
＊「○○○○は本物のミルクからできております」 　宣伝文句は「ＯＮＬＹ　ナチュラル」と強調。 　（↑表示例です）

設問4．「容器や包装の表面積が，30c㎡以下は表示がいらない」と食品衛生法で定められている。
設問5．理由：牛乳や生クリームではないので冷蔵保存しなくてもよいし，安価であるから。

【参　考】
　食品添加物のグリセリンは，乳化剤としてマーガリン，乳飲料，生クリーム，アイスクリーム，パン，ビスケットなどに広く使われている。乳化剤は一括表示が認められている（グリセリンは，1957年に食品添加物に指定された）。

☐ **コーヒーフレッシュを作ってみよう**

	年	組	番

1 コーヒーフレッシュの原材料は何だろうか。思いつくものを書き出してみよう。

（記入欄）

2 コーヒーフレッシュを作ってみよう。実験の結果を1，2にそれぞれまとめよう。
　【用具・材料】
　　用具：ガラス容器（ビーカーまたはコップ），縦型ブレンダー
　　材料：水　50mL，サラダ油　20mL，グリセリン　大さじ2
　　　　　増粘多糖類　小さじ2，クリーミーパウダー　小さじ1/2
　【実験】
　　①ガラス容器に水を入れ，次にサラダ油を加え，かき混ぜる。 結果1
　　②グリセリン，増粘多糖類を加えてよくかき混ぜる。クリーミーパウダーを入れ，ブレンダーで5分
　　　くらいよく混ぜる。 結果2

結果1	結果2

3 実際の商品の品質表示を見て，原材料名を書き出してみよう。

コーヒーフレッシュ	クリーミーパウダー

4 コーヒーフレッシュ一つ一つに品質表示がないのはなぜだろうか，理由をまとめてみよう。

（記入欄）

5 ファミリーレストランなどで，コーヒーフレッシュがいくつでも使えるところが多い理由を書き出してみよう。

（記入欄）

【感想・気づいたこと】

31

やってみよう ―簡単な実験・実習例―

12　○○特製オレンジドリンクを作ろう　指導の手引き

領　域	食生活（食品添加物，エネルギー，食品表示）
目　的	オレンジドリンクを作ることで，食品添加物や食品表示を見ることの大切さを知らせる。

＊教師のデモ用に作成しているが，時間があれば生徒の実験としてそのまま使用すればよい。
　○○には学校名や教師名を入れるとよい。

【準　備】

1．実験用材料と用具（教師のデモ用　1クラス分）

①水（冷水）	900mL
②合成着色料	食用色素　黄色：耳かき1杯，赤色：微量
③合成着香料	オレンジエッセンス：数滴
④合成酸味料	クエン酸：小さじ1杯
⑤砂糖	80g
⑥合成甘味料	8～10袋（1袋1.2g）
⑦氷	少々

・透明の容器（容量1,200mL以上の大きいもの）
・透明の使い捨てコップ
・計量カップ・計量スプーン（大・小）

（食品添加物等材料の入手先と税抜価格例）
[スーパーの菓子材料売り場]
●食用色素　1箱（2g）：218円
●オレンジエッセンス　1びん（30mL）：448円
●合成甘味料　1袋（1.2g 60本）：475円
●透明の使い捨てコップ（220mL）30個：170円
　　　　　　　　　　　　（90mL）100個：840円

[薬局・ドラッグストア]
●クエン酸　100g：540円

2．ワークシート
3．設問2に回答させるために，数種類のジュースやドリンクの表示を資料プリントにしておく。

【方　法】

1．呼びかけ
　　教師：「今日は○○特製オレンジドリンクを作ります」
　　　　　まず一つ一つの材料の名前を確認しながら並べる。
　　　　　<u>作るときも一つ一つ材料の名前を言いながら加えていく。</u>

2．作り方（5～10分でできる，糖度約10%）
　1．透明の容器に冷水900mLを入れる。
　2．1に，食用色素の黄色を耳かき1杯（付属のスプーン1杯）を加え，よく混ぜる。
　　　次に食用色素の赤色を微量加え，オレンジ色の液体を作る。
　3．2にオレンジエッセンスを数滴加える。
　4．3にクエン酸を小さじ1杯加える。
　5．4に砂糖80g（あらかじめ計量しておく）を生徒に見せながら加えて混ぜる。さらに合成甘味料を，まずは5袋加えて混ぜ，生徒の一人に試飲させ，甘みを調整する（甘味が足りないときは，合成甘味料をさらに加える）。
　6．希望する生徒に試飲させる。氷を加えると飲みやすい。

＊試飲させるトークの工夫
　多くの生徒は試飲を拒否するので，教師が試飲し，「なるほど…」などと誘うとよい。
＊時間があれば，果実のオレンジを絞らせて，果汁100%と果汁10%のジュースを作らせ，比較させるのもよい。
　①コップにオレンジの搾り汁を入れる（A）。②別のコップに（A）の1/10の量の搾り汁を入れ，（A）と同量になるように水を加える（B：果汁濃度10%）。③（A）と（B）の色と味を比較させる。
3．ワークシートの説明，まとめ　感想を数人の生徒に発表させる。

【設問1．解答】①50　②5.6　③10　④5　⑤200　⑥1

年	組	番

◯◯特製オレンジドリンクを作ろう

【実験の材料】
①水（冷水）　　　900mL
②合成着色料　　　食用色素　黄色：耳かき1杯　赤色：微量
③合成着香料　　　オレンジエッセンス：数滴
④合成酸味料　　　クエン酸：小さじ1杯
⑤砂糖　　　　　　80g
⑥合成甘味料　　　8～10袋（1袋1.2g）
⑦氷　　　　　　　少々

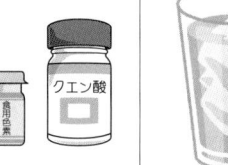

1 清涼飲料水には平均，約10～15％の砂糖が含まれている。下の空欄に適語を答えなさい。
　①500mL（砂糖10％）の清涼飲料水を飲むと約（　　　）gの砂糖を摂取したことになる。
　②①は，上白糖で大さじ約（　　　）杯分である。
　③15～17歳の砂糖の1日の摂取量のめやすは，男女とも（　　　）gである。
　④①は，15～17歳の砂糖の1日の摂取量のめやすの（　　　）倍となる。
　⑤砂糖は，二糖類のしょ糖なので，①×4Kcal＝（　　　）Kcal摂取したことになる。
　⑥⑤のエネルギーは，ご飯に換算するとお茶碗で約（　　　）杯とほぼ同じである。

砂糖の長期間の摂り過ぎは，虫歯や歯周病，胃腸障害，中性脂肪の増加，アレルギー症状の悪化など体に害をおよぼす。特に肥満，糖尿病予備群の人は要注意である。最近は無糖，ノンシュガーを売り文句にするために，砂糖の代わりに合成甘味料が多く使われている。

2 各種のジュースやドリンクについている表示を見て，キャッチフレーズ（「無糖」「ノンシュガー」「カロリーひかえめ」など），原材料名や栄養素量を調べてみよう。

【感想・気づいたこと】

やってみよう ―簡単な実験・実習例―

13　あなたの味覚は大丈夫？　指導の手引き

領　域	食生活（味覚）
目　的	自分の味の感知度を確認させ，今後の食生活に役立てさせる。

【準　備】

1. ［1班（5人）分］　ガラスコップ（100mL以上）10個（紙コップでもよい）
　　　　　　　　　　スポイト10本，人数分のスプーン（小）・コップ・キッチンペーパー
　　　　　　　　　　食塩，砂糖，計量カップ，はかり，割り箸

2. 下記の濃度の食塩水・砂糖水を準備する。

	A	B	C	D	E
食塩水（%）	0.1	0.2	0.3	0.5	1.0
砂糖水（%）	0.1	0.3	0.6	1.0	2.0

　　＊約0.1%の食塩水　→　水1,000mLに1gの食塩を加えて混ぜる。
　　＊1班分（5人）　→　食塩水，砂糖水のA～Eは，それぞれ100mLあれば十分である。
　　＊ガラスコップ（または紙コップ）に，A～Eの記号をつけ，作った水溶液を入れる。
　　　（教師は，濃度がわかるように記録しておく）
　　＊ガラスコップ（または紙コップ）に，それぞれ一つのスポイトを入れてセットする。

3. ワークシート

【方　法】

1. まず目的・注意事項をしっかり伝える。
　①自分の「味の感知度」を確認するために行う。他人と比較しないこと。
　②注意事項を守らないと正しい結果がでない（実験がむだになる）。
　③必ず濃度の薄いA→B→C→D→Eの順に行うこと。
　④一つの液について，1回の試飲とする（ただし最大2回までは可）。

2. ワークシートに従って行う。

3. すべての生徒が実験終了後，濃度を発表し，結果に記入させる。

4. 一般の人が味覚として感じられる濃度を発表する。
　食塩水：0.3%（Eの1%は，汁ものの標準的な塩味）
　砂糖水：0.6%

5. 自分の味の感知度に気づかせる。
　この実験は味の感知度をチェックするもので，味覚障害を判定するものではないが，正常な味覚をもっていないと味つけが濃くなる傾向にある。その結果，塩分や糖分を摂り過ぎることになり，「生活習慣病」になる可能性が高くなることを認識させる。

6. 「塩分計」や「糖分計」などがあれば，実験終了後，濃度を計測させるとよい。

【設問3．解答】①亜鉛　②ファストフード　③加工

【生徒の反応】
　簡単な実験だが，生徒は楽しんで行う。

34　Ⅰ　ワークシートにまとめる活動編

	年	組	番

□ あなたの味覚は大丈夫？

【実験方法】

1 自分のコップに水を入れておく。A～Eの順に，スポイトでスプーンに液を入れ，試飲する。塩味（砂糖味）を感じたら○，感じなかったら×の記号を下表の結果チェック表に記入する。

2 A → 塩水（または砂糖水）をスポイトから自分のスプーンに入れ試飲する。
　　　→ コップの水で口をすすぎ，スプーンを洗いキッチンペーパーで拭く。
　　B → 塩水（または砂糖水）をスポイトから自分のスプーンに入れ試飲する。
　　　→ コップの水で口をすすぎ，スプーンを洗いキッチンペーパーで拭く。
　　C～Eも同様に繰り返し行う。

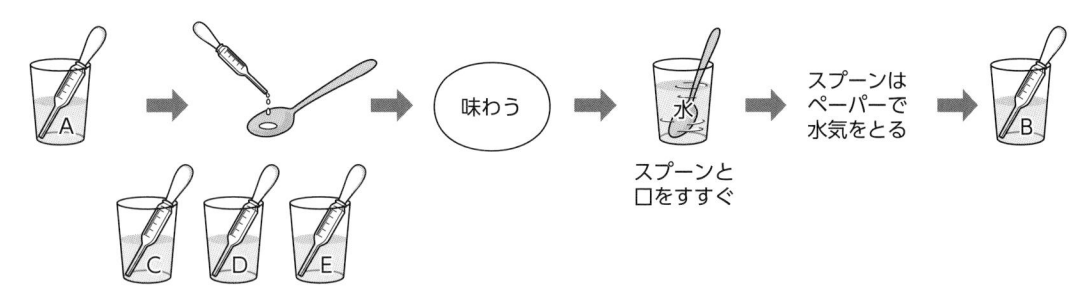

【結果チェック表】（味を感じたら：○，感じなかったら：×）

		A	B	C	D	E
食塩水	濃度（%）					
	チェック					
砂糖水	濃度（%）					
	チェック					

＊一般の人が，味覚として感じられる濃度

食塩水	％	砂糖水	％

3 味覚障害は①（　　　　　　）の欠乏などからおこる。
　　②（　　　　　　　　　）など③（　　　　　　　）食品の多量摂取に気をつける。

【感想・気づいたこと】

35

やってみよう ― 簡単な実験・実習例 ―

14　100kcalの模型を作ってみよう　指導の手引き

領　域	食生活（食事摂取基準，栄養価計算，食品群別摂取量）
目　的	栄養価計算の方法を理解させる。それぞれの食品の100kcal量を確認し，それを組み合わせることで自分の必要量を知らせる。

【準備】
1．食品成分表，色鉛筆，厚紙，はさみ，（電卓）を生徒に準備させる。
2．厚紙で実物大の100kcal模型をあらかじめいくつか作って準備する。
3．ワークシート（設問1の計算までは，前の授業時に終了させておく）

【方法】
1．食品成分表の食品群の分類で班区分する（たとえば，1班：穀類，いも類）。
2．自分の班の担当の食品群から，日常よく食べる食品を選び，100kcalでどのくらいの量になるか，ノートに計算させる。計算方法は，ワークシートの計算例から説明する。
3．実物大の厚紙模型を見せ，各班で分担して模型を作成させる。
4．厚紙模型ができたら，班ごとに机に並べさせる。
　各自が机を巡回し，他の班が製作した100kcalの実物模型を確認させる。
5．同じ100kcalでも，動物性食品は量が少なく，植物性食品は量が多いなど，熱量と食品分量の確認をさせる。
6．最後に一人ひとりが，2,000kcalになるように模型（サンプル）を組み合わせ，ワークシートに記入させる。
　食品バランスチェックをさせる。

【注意】
●エネルギー量は，2,000kcalではなく，各自の1日の推定エネルギー必要量に設定してもよい。
　たとえば15～17歳　男子（身体活動レベルⅡ）の場合：エネルギーのめやす2,850kcal→28～29サンプル
　　　　　　　　　　女子（身体活動レベルⅡ）の場合：エネルギーのめやす2,300kcal→23サンプル
　　　　　　　　　（この場合は記入用紙のます目を増やす）　　　　（日本人の食事摂取基準［2015年版］より）

【サンプル例】

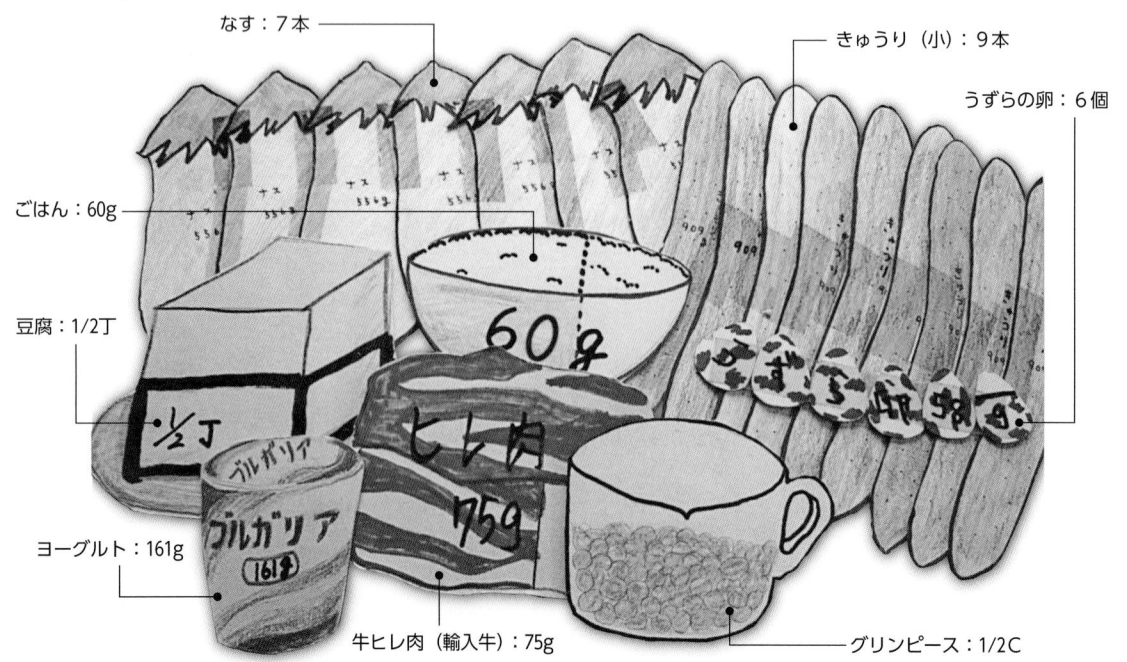

なす：7本
きゅうり（小）：9本
うずらの卵：6個
ごはん：60g
豆腐：1/2丁
ヨーグルト：161g
牛ヒレ肉（輸入牛）：75g
グリンピース：1/2C

	年	組	番

☐ 100kcalの模型を作ってみよう

1 日常よく食べる食品について，100kcalに当たる分量を計算しよう。

【例】鶏卵（全卵・生・可食部）100g当たりのエネルギー：151kcal，小1個：50g
　　　鶏卵1個（50g）のエネルギー量

① $151 \text{(kcal)} \times \dfrac{50 \text{(g)}}{100 \text{(g)}} = 75.5 \text{(kcal)}$

② $\dfrac{100 \text{(kcal)}}{75.5 \text{(kcal)}} \fallingdotseq 1.32$　　鶏卵1.32個で約100kcal

＊鶏卵1.32個の実物大の模型を作る

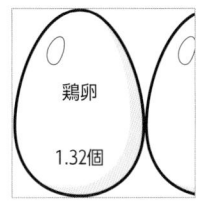

---

2 各班の厚紙模型ができたら机に並べ，各自机を巡回して100kcalを確認する。

3 2,000kcalとなる20食品の組み合わせを記入用紙に書き取る。

【記入用紙】

エネルギーのめやす　（　2,000　）kcal　　選んだ食品と分量			
例：鶏卵　　1.32個			

＊選んだ食品を下表に当てはめて，食品バランスをみてみよう（摂れている食品群に○印）。

食品群	第1群		第2群		第3群			第4群			合計点
	乳・乳製品	卵	魚介・肉	豆・豆製品	野菜	いも	くだもの	穀類	油脂	砂糖	
チェック											／10

【感想・気づいたこと】

やってみよう ―簡単な実験・実習例―

15 災害時の食事，どうする？　指導の手引き
――＊本書p.126授業案を参考に

領　域	食生活（災害時）
目　的	災害時における限られた状況，食材や水，調理器具を利用した簡単な調理法を習得させる。

【準　備】

1. 調理器具（1班分）
    - 鍋：1つ
    - 紙皿・紙コップ：人数分
    - 加熱器具：1
      （カセットガスコンロ，カセットボンベ）
    - 箸：人数分
    - 高密度ポリ袋
      （半透明，ポリエチレン）：5枚（予備を含む）
    - 包丁　　・ボウル
    - 米計量用カップ　・大さじ

2. 材料（1班分）
    - 水：2Lペットボトル容器2本
    A：ご飯
    - 精白米：1カップ（150g）
    - ふりかけ：ほんの少量
    B：ツナのじゃが煮
    - じゃがいも：小1個（約120g）
    - 玉ねぎ：小1個（約120g）
    - ツナの缶詰：1缶（70～80g）
    - しょうゆ：大さじ2
    - 砂糖：大さじ1

3. ワークシート
4. この実験は調理室で行うが，目的・注意事項については，当日ではなく前の授業時に確認しておくとよい。
5. A・Bどちらか一つの実験でもよい。

【注意事項】
- カセットガスコンロに代えて，調理室のガス台を使用してもよい。
- 水道口には「使用禁止」の紙をはる。水は，2Lペットボトル2本だけ使用させる。

【方　法】

1. ワークシートに従って行う。
    - 米は洗わなくてもおいしく炊けるが，事前には生徒に伝えない。あくまでも水がないことを強調する。
    - ポリ袋の空気抜きは，手本を見せる。
    - 計量は，計量カップを使用せず，炊飯器についている米計量用カップ（1合：180mL）を使用する。計量も1/2，2/3と目分量で行う。
2. ご飯，ツナのじゃが煮は同じ鍋で作る。
3. 実験1のA，Bを煮ている間に設問2について考えさせる。
4. 感想・気づいたことをまとめさせる。
5. 後日，生徒の提出したワークシートから，設問2で生徒が考えた具体的方法を伝える。

【資　料】
- 精白米は洗わなくてもおいしく食べられる。
- ご飯は，さまざまなもので炊くことができる。
  ［例］炊飯に使用する水を，家庭にある野菜ジュース，トマトジュースなどに変更しても炊くことができる。この場合は，食塩を小さじ1/2程度加えるとよい。
- 多少の失敗はあるかもしれないが，恐れずに行い，失敗の理由を明確にさせる。経験させることが大切である。
- 乾パンの利用（すべてポリ袋を使って）

  雑炊：乾パンをポリ袋の中で砕いて鮭缶やツナ缶などを加え，水を加えて煮る。
  おしるこ：乾パンに缶のおしるこを加え煮る。
  ジュース煮：乾パンに自宅にあるジュース（オレンジ，トマト，野菜など）を加えて煮る。
  野菜煮：乾パンに自宅にある野菜を薄切りにして水，コンソメ，だしのもとなどを加えて煮る。

- 災害時に配られた，おむすび，焼きそば，パン，お弁当なども，この方法を知っていれば温かく食べることができる。一度は経験させておきたい，いざというときのポリ袋クッキングである。

☐ 災害時の食事，どうする？

年　組　番

1 災害食を作ってみよう。

【A. ご飯】

1袋分（大人1人分）
米　　　　カップ1/2
水　　　　カップ2/3
ポリ袋　　2枚
（2袋つくる）

①ポリ袋に米をカップ1/2，水カップ2/3加える。
　＊精白米は洗わない。
②ボウルに水を1L入れ，その中に①を沈め，手のひらで押さえて袋の中の空気を抜く。根元をつかんでぐるぐるまわし，水から引き上げ，ポリ袋の口をしっかり結ぶ（真空状態にする）。
　＊災害時は井戸水などを使ってもよい。
　＊ボウルの水は，A，Bの空気抜きが終わったら鍋に入れる。
③水を入れた鍋に，Aの②とBの④を入れ，ふたをして火をつける（強火）。
④沸騰したら中火にし，5分ごとに上下を入れ替え，均等に加熱し，20分煮た後，鍋から取り出す。
⑤ポリ袋の結び口をはさみで切り，皿に出す。火傷しないように気をつける。

【B. ツナのじゃが煮】

ツナ缶　　　1缶（70～80g）
じゃがいも　小1個（約120g）
玉ねぎ　　　小1個（約120g）
しょうゆ　　大さじ2
砂糖　　　　大さじ1
ポリ袋　　　1枚

①ボウルに少量の水を入れじゃがいもを洗う。芽を取り，皮は気になる部分だけ取り除き，5mmぐらいの薄切りにする。
②玉ねぎは皮をむき，たてに薄く切る。
③ポリ袋に①と②を入れ，ツナ缶を汁ごと加え，さらにしょうゆ，砂糖を加えて，ポリ袋をもむようにして中身をよく混ぜる。
④Aのご飯と同じ方法で空気を抜く。中を均一に，平らにする。
⑤ご飯と同じ鍋に入れ，沸騰した後，中火にし，5分ごとに上下を入れ替え，均等に加熱し，25分煮た後，鍋から取り出す。
⑥ポリ袋の結び口をはさみで切り，皿に出す。火傷しないように気をつける。

2 この実験を参考に，防災食の代表である「乾パン」をおいしく食べる方法を考えてみよう。

具体的に：

【感想・気づいたこと】

やってみよう ―簡単な実験・実習例―

16 和風だしを味わってみよう　指導の手引き

領　域	食生活（日本料理，うま味の相乗効果，塩分測定）
目　的	だし汁（こんぶだし，かつおだし）の取り方の基本を知らせる。世界が認めたうま味を味わわせる。混合だしのうま味の相乗効果を知らせる。

【準　備】
1. 調理用具：鍋，玉じゃくし，ボウル，計量カップ・計量スプーン，包丁，まな板，丼，箸，小さい器（コーヒーカップでもよい），小スプーン（人数分），キッチンペーパー（人数分）
2. 材料：かつお節，こんぶ，ゆでうどん，かまぼこ，こねぎ，しょうゆ，塩，みりん，酒
3. ワークシート，資料

【方　法】
● ワークシートに従って行う。
　＊時間によっては，だし汁の実験だけとし，かけうどんは省略してもよいが，めんつゆは作らせ，味わわせるとよい。

【留意点】
① こんぶ，かつおのにおいがすることを確認させる（生徒に声をかけるだけでよい）。
② (a)，(b)，(a＋b) のだしの味わい方：本来は，一つだし汁を味わったら，一度口を水ですすぎ，次のだし汁を味わう方法がよいが，クラス全体では難しいので，次の方法でもよい。

> 各自，小スプーンとキッチンペーパーを持ち，次の順で行う。
> (a) を味わう　→　スプーンを水で洗いキッチンペーパーで拭く　→
> (b) を味わう　→　スプーンを水で洗いキッチンペーパーで拭く　→
> (a＋b) を味わう　→　それぞれ感想を記録させる

＊それぞれのだし汁は小さな器に入れる（1人5mLぐらいでよい）。残りは鍋に戻す。
＊スプーンを洗う水はボウルを利用するとよい。
＊(a)，(b) の生徒の感想はさまざまだが，(a＋b) は，ほとんどの生徒がおいしいと感じる。
③ うどんの量は，3〜5袋で調整するとよい。
④ めんつゆ用のだし汁は計らなくてもよい（実験3で残った混合だしを使う）。
・各班のうどんの水切り状態でだし汁の量や味は異なるが，この味つけで大丈夫である。
・生徒はだし汁が作れることに驚くとともに，おいしさに満足する。
⑤ ゆでうどんを使うことで時間短縮できる。
⑥ 塩分測定計があれば，うどんのつゆの塩分測定をさせる。

【設問5．解答】①グルタミン酸，②イノシン酸

【資　料】
・うま味は，1909年東京帝国大学（現東京大学）の池田菊苗教授により発見された。池田教授は，こんぶのうま味成分の抽出に成功し，これがグルタミン酸であることを明らかにした。その後かつお節のうま味成分であるイノシン酸，しいたけのうま味成分であるグアニル酸が発見され，これらを混ぜることにより，相乗的にうま味が向上することが知られるようになった。それまで基本の味とされていた酸味，甘味，塩味，苦味の4つにうま味が追加された。
・2013年にユネスコ無形文化遺産に登録された「和食」の原点は，世界が認めたうま味（umami）であり，「うま味」が国際語となった。

年　　　組　　　番

☐ 和風だしを味わってみよう

1 だしを取ってみよう。

(a) こんぶだし（5人分）
【材料】水　　　　700mL
　　　　こんぶ　　12g
　　　　塩　　　　3g

①鍋に分量の水を入れ，表面をふきんでさっと拭いたこんぶを加えて火にかける。
②こんぶを沸騰直前に取り出して火を止め，塩を加え，味をととのえ，小さな器に入れる。
＊沸騰すると，こんぶのぬめりがだし汁の中に出てまずくなる。

(b) かつおだし（5人分）
【材料】水　　　　700mL
　　　　かつお節　12g
　　　　塩　　　　3g

①鍋に分量の水を入れ火にかけ，沸騰したらかつお節を加えて1分煮たら火を止める。
②かつお節が沈んだら，鍋を傾け上澄みをとり，塩を加え味をととのえ，小さな器に入れる。
＊鍋をゆっくり傾けていくと，鍋の底にかつお節がへばりつき，鍋を逆さにしても落ちない。上澄みの中に少しかつお節が入ってもよい。

上澄み液

2 (a) と (b) をそれぞれ味わう。
　　(a) をスプーンに入れ，試飲する。スプーンを水で洗い，キッチンペーパーで拭く。
　　(b) をスプーンに入れ，試飲する。スプーンを水で洗い，キッチンペーパーで拭く。
　　残っただし汁はそれぞれの鍋に戻しておく。

3 (a) と (b) を混ぜ合わせ，混合だしを作り，味わう。

4 味わった感想を，それぞれ○で囲んでみよう。

(a) こんぶだし	(b) かつおだし	(a+b) 混合だし
まずい・普通・おいしい	まずい・普通・おいしい	まずい・普通・おいしい

5 (　) に適語を入れてみよう。
　こんぶのうま味成分である（①　　　　　　　）と，かつお節のうま味成分（②　　　　　　　）を混合することで，それぞれを単独で用いるよりもうま味が強くなる。これをうま味の相乗効果という。

【発展】 和風だしを使って，かけうどんを作ってみよう

【かけうどん（5人分）材料】
ゆでうどん　　　　4袋
めんつゆ
　　混合だし　　　約1,000mL
　　しょうゆ　　　90mL
　　塩　　　　　　5g
　　みりん　　　　90mL
　　酒　　　　　　45mL
具　かまぼこ　　　50g
　　こねぎ　　　　40g

①たっぷりの沸騰した湯でうどんをさっとゆで，ざるで湯をきり，器に5等分して盛る。
②実験3で残った混合だしを鍋に入れ，しょうゆ，塩，みりん，酒を加えてめんつゆを作り，あたためる。
③かまぼこは5等分，こねぎは小口切りにする。
④①に③を盛りつけ，その上から②の熱いめんつゆを注ぐ。

【感想・気づいたこと】

やってみよう ― 簡単な実験・実習例 ―

17　紙おむつから考えてみよう　指導の手引き

——＊本書p.124授業案を参考に

領　域	子ども，経済生活（消費者）
目　的	この実験は「紙おむつ」「布おむつ」の是非を問うものではなく，身近な「紙おむつ」の実験から，正しい商品知識をもつこと，およびそれを取り巻くさまざまな問題について考えさせることが目的である。

【準　備】

1. 新生児用紙おむつ（5枚×班数分），湯，水，はさみ（1班1丁），ボウル，計量カップ，わら半紙B4（1班2枚），黒色画用紙（1班1枚），ごみ袋（1クラス1枚），布おむつとおむつカバー（見せるだけなので1組），食用色素（緑か青色がよい）
2. ワークシート，資料
3. あらかじめ，紙おむつのCMを見たら，記録しておくように指示しておく。

【方　法】

1. 机を合わせ，4～5人のグループに分け，布おむつの説明をする。
2. 新生児用紙おむつ（班に4～5枚），はさみ，わら半紙，黒色画用紙，ワークシートを配布する。
3. 設問1の質問に答えさせる。
4. 実験1をおこなう。結果1と感想を記入させる。同時に色湯を準備する。
　ボウルに40℃ぐらいの温度に設定した湯を入れ，食用色素を加える（40℃は，おおよそ尿と同じ温度）。
5. 実験2をおこなう。実験1で手に巻いていた紙おむつに，色湯を約150mL流し入れ，再度，手に巻かせる。
6. 手に巻いた生徒は，今の自分の感想を班の生徒に伝え，結果2に感想を記入させる。
7. 10分ぐらいしたら手から紙おむつを外し，わら半紙の上で紙おむつを真ん中からはさみで切り，切り口を観察し，結果3に記入させ，設問2に答えさせる。実験結果とCMの関係をしっかり考えさせる。

＊紙おむつの入っている袋を見せ，どこに原材料の表示が明記されているか確認させる。キャッチフレーズと比べて原材料表示は小さく，袋の横や底に明記されている。
＊「なぜ？」と問い，生徒に答えさせる。→　原材料よりも，商品の効能が重視されているからである。

【注意事項】

- 1時間で終えるように時間配分を考えておく（本書p.124授業案参照）。
　手に巻いておく時間は短縮しても，結果が大きく変化することはない。
- 新生児用紙おむつは，お徳用の安価な商品でよい（1枚約16円）。
- 布と紙を比較することが目的ではなので，布おむつが準備できない場合は，説明だけでよい。

【資　料】

■紙おむつの断面図の例

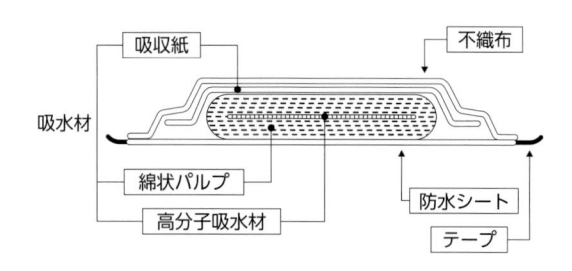

吸水材 ― 吸収紙／綿状パルプ／高分子吸水材／不織布／防水シート／テープ

1. CMのキャッチフレーズの例
「10時間吸水でもれ安心」「ずっと遊べるね…」「朝までぐっすり」「ふんわりぴったり」「朝までさらさらおむつで脳育眠」「すきまもれ安心」「1日3枚」「エアーフィット」

2. 2歳児の尿量のめやすを「1日約600mL」として，「1日3枚」というCMのように使用すると，1枚約200mL（200g）の吸水となる。これは，卵約4個分の重さに相当する。このような紙おむつをつけて歩いていることを想像させる。

Ⅰ　ワークシートにまとめる活動編

	年	組	番

☐ 紙おむつから考えてみよう

1 紙おむつのCMを見たことがあるだろうか。CMではどのように宣伝されていたか、書き出してみよう。

ある・なし （○で囲む）	宣伝内容：

【実験】

1. 手を軽く握り、その手に紙おむつを巻き、付属のテープで密封し、<u>5分</u>体験する。
   - 体験者は、同じ班の体験していない人に感想を伝える。
   - 黒色画用紙の上で、未使用の紙おむつを切り、切り口を下にして振るとグラニュー糖のような高分子吸水材が落ちてくることを確認する。
2. 1の紙おむつに150mLの色湯を流し入れ、1と同様に手に巻き、<u>10分</u>体験する。
   - 体験者は、同じ班の体験していない人に感想を伝える。
3. 2を、はさみで切り、断面を観察する。

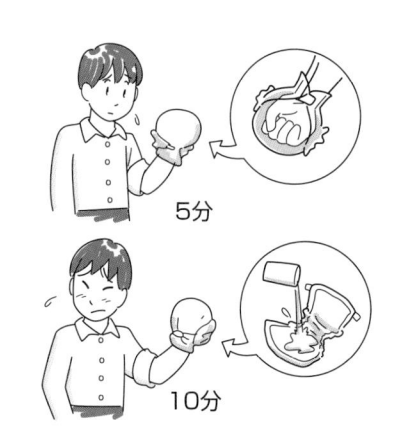

【結果】

1	通気性： あり・ なし（○で囲む） 感想：
2	感想：
3	断面図

2 CM内容は納得できたか、まとめてみよう。

【感想・気づいたこと】

やってみよう ― 簡単な実験・実習例 ―

18 手紙を書いてみよう　指導の手引き

領　域	青年期の課題（社会的自立）　家族（家族関係，絆）
目　的	手紙を書くことの少ない世代に，マナーとしての基本を確認させる。

【準　備】
● ワークシート。手紙の書き方の基本は，文例とともに資料プリントにしておく。

【方　法】
＊書き方の基本は，国語便覧などを手本にするとよい。
＊敬語は間違えやすいので，「です・ます」などの丁寧語で書くという課題にするとよい。
＊宛先や目的の設定をあらかじめ決めてから取り組むと，書きやすい。
＊丁寧語を使った実習にしたいので，相手は，目上の人にする。たとえば祖父母，両親，先生など。

【手紙の書き方の基本】
1. 一般的な形式（縦書きも横書きも同じである）
   - 前文　【頭語，時候の挨拶や相手や自分の安否について】
     頭語・結語のもっとも一般的なものは，拝啓・敬具（男女共）
     私信の場合は，頭語をやめ，時候の挨拶から始める（結語を女性は「かしこ」にすることもある）
   - 主文　【手紙の目的，用件】
   - 末文　【相手の健康や幸福，繁栄を祈る言葉，結語】
   - 後付　【日付，署名，宛名】
   - 追伸　手紙を補足する内容

2. 封書かはがきか
   - 通常，どちらもペンで書く。鉛筆は消して書き直せるので，大人の手紙や公文書にはタブーである。
   - 改まったお礼や，お願い，お詫び，目上の人に出す場合は，封書が望ましい。その場合は便せんも封筒も白色のものがよい。また，第三者に知られたくない内容の場合も封書にする。
   - はがきは，基本的に封書が簡略化したものなので，親しい友人や気の置けない人に送る場合，季節の挨拶などに適している。内容は誰に読まれてもかまわないものとする。
   - 往復はがきの場合は，返信用のはがきに差出人の郵便番号・住所・名前を書き，敬称の代わりに「行」の文字を小さく添えるのがマナー。切り取って返信するときには「行」の字を二本線で消して，個人名には「様」，会社名などには「御中」と書き直す。

3. 季節の挨拶（はがきでよい）
   - 年賀状：松の内まで（1月1日～1月7日まで）
   - 寒中見舞い：松の内を過ぎてから，立春の前日までの間（1月8日～2月3日ごろ）
     喪中で年賀状が出せなかったからといって，松の内に寒中見舞いは出さない
   - 暑中見舞い：7月中旬から立秋の前日（8月7日ごろ）
   - 残暑見舞い：立秋から8月下旬
   - お歳暮・お中元のお礼状：いただいて3日以内に出すのが望ましい

4. 宛名・差出人などの書き方
   - 宛名は中央に大きく，敬称は「様」とする。教師，医師，恩師には「先生」としてもよい。「様」か「先生」のどちらかにすること。決して「先生様」とは書かない。団体や会社には「御中」とする。ホテルなど宿泊先（あるいは立ち寄り先）に出す場合は，「○○ホテル　フロント気付　○○○様」とする。
   - 差出人は封筒の裏側中央に書く。封筒に郵便番号の枠が印刷されている場合には，その位置に合わせてよい。封筒には「封じ目」を書く。

	年	組	番

手紙を書いてみよう

　大人になると手紙を書く必要にせまられる場面が必ず出てきます。手紙の返事やお礼，お詫び，お願いなど，目的はさまざまです。そんなときにあわてないために，ここで練習してみましょう。

　忘れてはいけないことは，手紙には，必ず差し上げる相手がいることです。相手に合わせて敬語を使うか，親しみをこめてざっくばらんにするか，封書にするかはがきにするか，目的とポイントをおさえて，最低限のマナーを理解した上で，縦書きで書いてみましょう。

　タイミングをのがさずすみやかに，気持ちを素直にあらわし，わかりやすく，相手の心に届くように書きましょう。ただし，誤字・脱字は大きなマイナスポイントとなります。不安な場合は，辞書をきちんと引いて，確認しましょう。

宛先（　　　　　　　　　　　）　　目的（　　　　　　　　　　　　　　　　　　）

【感想・気づいたこと】

やってみよう ― 簡単な実験・実習例 ―

19 風呂敷で包んでみよう　指導の手引き

領　域	環境（エコライフ），伝統文化
目　的	伝承の技法を使って生活に役立てられるようにする。

【準　備】
1. 生徒各自，風呂敷70cm四方の普通サイズ1枚を持ってこさせる（なければ，いらない布を切って使ってもよい）。
2. ボール，ペットボトル（教師準備）
3. ワークシート

【方　法】
● ワークシートの説明

【資　料】
★風呂敷とは，ものを包む四角い布のことで，無地や柄ものなどがある。素材も用途によって絹，木綿，合成繊維などさまざまなものが売り出されている。包むものや服装に合わせて選ぶ。

★風呂敷の歴史
　風呂敷のようなものが使われるようになったのは，奈良時代（710〜794年）のころからだといわれている。平安時代（794〜1192年）には，ひらづつみ（平包）と呼ばれ，収納用の道具として使われていたようである。この布と風呂が関連するようになったのは，室町時代（1338〜1573年）からで，風呂に入るときに，大名たちが脱いだ着物を布に包んで保管し，風呂から上がると布の上に座って着替えをしたと言われている。その後，銭湯が普及すると，風呂敷で衣類をまとめて包んでおくことが重宝がられるようになった。明治以降，一般家庭に広く普及し，結納などの正式な場や衣類，道具，商品，学用品を包んだりして，自由に形を変えることのできる重宝な道具として使われるようになった。

★風呂敷の実用性
　一枚の布でありながら，何度も使え，折りたためばコンパクトで携帯性に優れ，目的に合わせて自由に形を変えられる。中身に合わせて四角いものはもちろん，丸いもの，細長いもの，形や大きさの違うものを同時に複数，重ねて運ぶことができる。まさに変幻自在のエコバッグとして見直されている。

★実習中の生徒の様子・感想
　まずもっとも簡単な教科書を包むとき，使ったことのない生徒は，風呂敷の辺に平行に教科書を置いたりして，包めなかったりする。そこからあちこちに教科書を動かす。
　眞結びができず，縦結びになる生徒も多い。
　ほどき方を教えると，「オーッ！」と声が上がり，何度もやってみる生徒が多い。ほどき方はごみ袋などを結んでしまった後，ほどくときに役立つことも知らせておく。

＊風呂敷を買うと，簡単な包み方を教えてくれるＤＶＤがついている場合がある。

▲唐草模様

▲四角いもの，びん，丸いものなどを包む

参考文献：田中千代『新・田中千代服飾辞典』同文書院，1991年
　　　　　宮井株式会社『ふろしき大研究』ＰＨＰ出版，2005年

	年	組	番

風呂敷で包んでみよう

　風呂敷は一枚の布でありながら，何度も使え，折りたためばコンパクトで携帯性に優れ，目的に合わせて自由に形を変えられる，まさに変幻自在のエコバッグとして見直されている。1～3の順に，結び方，ほどき方，包み方に挑戦してみよう。

1 教科書を包んでみよう（基本的な眞結び（まむすび）の練習をしよう）。
2 眞結びをほどいてみよう（ごみ袋やひもをほどくときに活用しよう）。
3 いろいろなものを包んでみよう。

眞結び

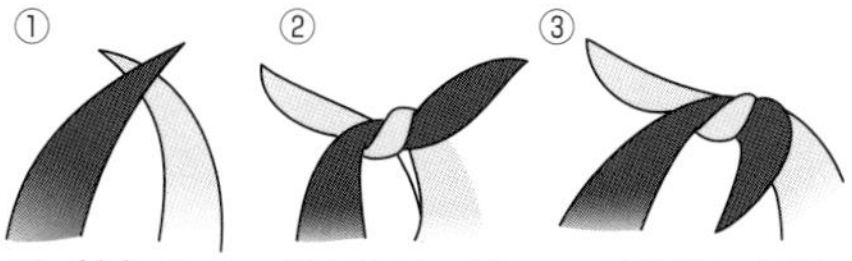

① 黒（左）を前にして交差
② 黒を後ろへ回して白に巻きつけ前へ
③ 黒を左へ折る
④ 白を黒の上からかぶせて，できた輪に下からくぐらせる 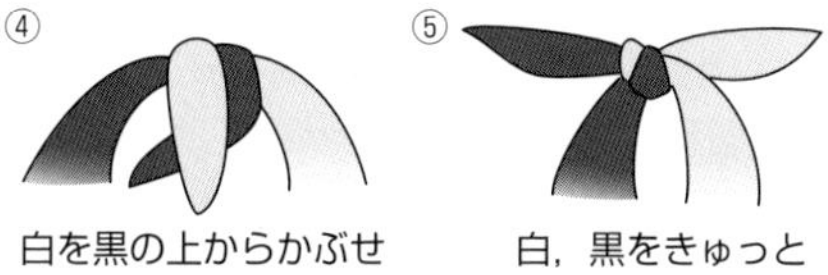
⑤ 白，黒をきゅっと結べば完成！

ほどき方

① 左手で黒の下を，右手で黒の上を持つ
② 黒の先端を右へグッと引っ張る。黒に絡まっている白の結び目を上から軽くにぎる
③ 左の黒を左方向に引き抜く

丸いものを包む

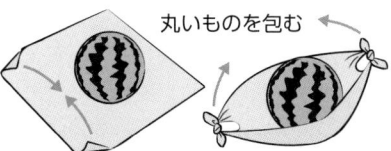

① 丸いものを真ん中に置く。
② 左右の角を結ぶ。
③ 結び目をくぐらせる。
④ くぐらせた結び目を持って下げる。

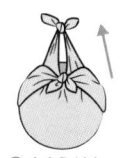

びんを包む

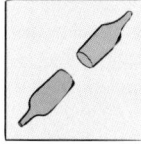

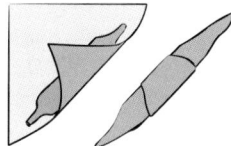

① 2本のびんを中央に置く。
② 風呂敷をかぶせてくるくる巻く。
③ びんを立てて両端を結ぶ。

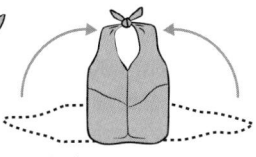

四角いものを包む

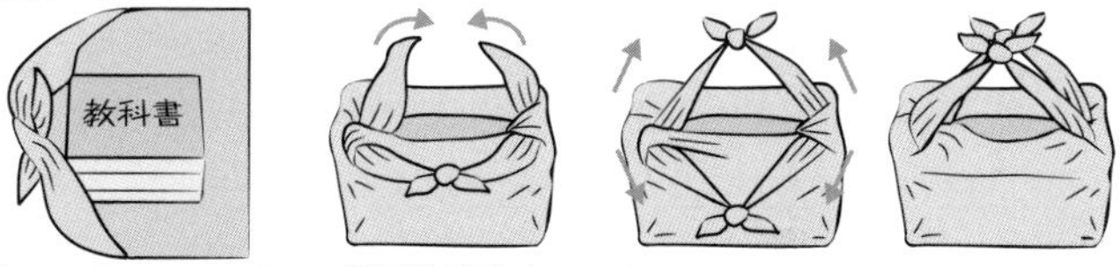

① 風呂敷の二辺の端をそれぞれ一結びする(1回)。
② 両端どうしを眞結びにする。
③ 荷物の大きさに合わせて一結びの部分を締める。

＊あなたができた包み方を書き出してみよう。

【感想・気づいたこと】

まとめてみよう！ —ワークシート例—

20 自分をみつめる　指導の手引き

——＊本書p.122授業案を参考に

領　域	青年期の課題（ジェンダー，性別役割分業意識，自分をみつめる）
目　的	自分の中にあるジェンダー観に気づかせる。ジェンダー・イクオリティ（男女平等）の意識をもたせる。

【準　備】
1．色鉛筆を生徒に準備させる。
2．ワークシート，資料（本書p.122授業案参照）

【方　法】
1．ワークシートを配布し，設問1から順に2，3と回答させる。回答時間は10分とする。
2．①〜⑩のブタの洋服などに色をぬらせる（皮膚には色をぬらなくてもよい）。
3．性とは何かと聞かれたら，Sex（生物学的に区別される性）と答え，「男・女」で答えさせる。男女に区別できないと質問があったら，「そうだね」と肯定し，「今日は，直感で男女に分けてください」と言う。
4．すべてのブタの洋服を1色でぬる生徒がときどきいるので注意する。
5．巡回しながら，特に①②のブタの洋服などの色ぬりを確認するとよい。
6．生徒はまわりの生徒と話しながら，とても楽しんで取り組む。色ぬり終了後資料配布。
7．時間があれば「クイズ」（p.123）に答えさせると，自分の中の性別役割分業意識を確認できる。

【生徒の回答・結果例】［2014（平成26）年度高校2年生，男女210名］
設問1．男女の割合，理由

No.	男（％）	女（％）
①	0	100
②	100	0
③	92.0	8.0
④	97.8	2.2
⑤	52.0	48.0
⑥	94.0	6.0
⑦	95.3	4.7
⑧	28.8	71.2
⑨	42.5	57.5
⑩	100	0

●理由
①＝女：スカート。気が弱そう。麦わら帽子。妹みたい。おとなしそう。顔の表情。女っぽい態度。
②＝男：顔，眉毛がりりしい，威張っている，ガキ大将みたい，態度がでかい，眉毛が太い。
③＝男：後ろ姿がしょんぼりしている，一人遊びが好き，哀愁が漂っている，体格，暗そう，女は一人で公園には来ない。
④＝男：いじめている，やんちゃっぽい顔，恐そうな顔，自己中心的，ガキ大将，気が強そう。
⑤＝女：泣いている，いじめられている，弱そう，大泣きしている。
⑥＝男：一生懸命がんばっている，顔つき，活発そう，眉毛，たくましい，ズボン，きりっとしている，チャレンジ精神，鉄棒の高い方を使っている。
⑦＝男：最初にジャングルジムに登ったから，俺が一番という感じ，立ちかた，運動神経がよい，威張っている，目立ちたがり屋，高いところも平気。⑦＝女：すましている，服のデザイン，何となく，ピースしている，にこやかな感じ。
⑧＝男：棒を持っている，やんちゃそう，チャンバラごっこは男の遊び，活発そう。⑧＝女：身体が細い，手をつないでいる，走りかた，服がかわいい，顔つき。
⑨＝男：お父さんぽい，身体がごつい。⑨＝女：花柄の服，お母さんみたい，かわいい，やさしそうな顔・目つき。
⑩男＝帽子，元気そう，服が男っぽい，走りかた，雰囲気，あとから一人で遅れてくるのは男。

設問2．色ぬり結果
暖色系の色（赤・ピンク・黄色・紫・オレンジなど）が多くぬられたブタ：①
寒色系の色（青・黒・紺・緑など）が多くぬられたブタ：②，③，④
いろいろな色（緑，黄色，茶，紺，オレンジなど）がぬられたブタ：⑤〜⑩
＊2004（平成16）年度の生徒と比較すると，設問1の性別・理由については大きな変化はなかった。設問2の色については，男女で多少の違いはあるものの，こだわりは減少した。

	年	組	番

自分をみつめる

1 イラストの①〜⑩のブタの性別は何だろうか。また，そう判断した理由も記入してみよう。

2 洋服や持ち物に色をぬってみよう。

3 できあがった自分のぬり絵について，発表してみよう。

＜ある日の公園＞

	性	理由（どうしてそう思ったか）	【感想・気づいたこと】
①			
②			
③			
④			
⑤			
⑥			
⑦			
⑧			
⑨			
⑩			

49

まとめてみよう！ —ワークシート例—

21 デートDVについて考える　指導の手引き

領　域	青年期の課題（自立）
目　的	親密な人間関係の中で起こる暴力に気づかせ，改善するための方法を考えさせる。

【準　備】
● ワークシート

【方　法】
1．設問1に回答させる。
2．デートDVとは
　DVとは，配偶者や恋人（婚約者，同棲相手，元配偶者，元恋人）など親密にある，またはあった者から振るわれる暴力。デートDVは交際相手から受ける暴力。「愛しているから」と言う言葉で，暴力が見えにくくなっている。

【生徒の反応・回答例】
＊設問4．回答例

言葉の暴力	バカにした言葉，欠点をあげる，皮肉，いやみ，怒鳴る，叫ぶ
身体的暴力	たたく，物を投げつける，首をしめる，つかんでゆする，押さえつける
心理的暴力	すべて相手のせいにする，否定する，責める，孤立させる，自殺すると脅かす
性的暴力	望まないセックスを無理強いする，ポルノを見せる，避妊しない
経済的暴力	生活費を与えない，無責任にお金をつかう，お金の管理を独占する

＊設問5．回答例
- 女性に対する暴力の背景には，歴史的な男性支配と差別の構造がある。
- 男性優位の社会が，女性を低く見る意識を男性に植えつけた。
- 男らしさ＝強さ，強さ＝支配，支配＝暴力という図式がある。
- 女らしさ，男らしさという意識が，「自分の交際相手（彼女，彼氏）としての役割」を期待し，押しつける。
- 相手を傷つける行為なのに，「つき合っているから，自分の暴力を許してくれる」と思っている。
- すべての暴力行為を「愛しているから」だと勘違いしてしまう。

＊感想・気づいたこと記入例
- デートDVは絶対にあってはいけない。
- デートDVと言う言葉を初めて聞いた。
- 好きでも暴力はよくない。
- DVをする人は最低だと思う。
- 自己中心的な考えが原因ではないか。
- デートDVを受けている人は自分が悪いと思っている。
- 「される側に問題がある」と言うけれど，やっぱりそれはする側のいいわけだと思う。

【資料　デートDVに関する調査】
● 名古屋市，2009（平成21）年度
● 調査対象：名古屋市内の高校生および愛知県内の大学生4,630人
① デートDVの被害経験
　全体：37.8％，女性：44.1％，男性：26.9％
② デートDVについて
　デートDVの意味がわからない：17.8％
　デートDVと言う言葉を聞いたことがない：12.6％
③ 被害を受けたときの心情

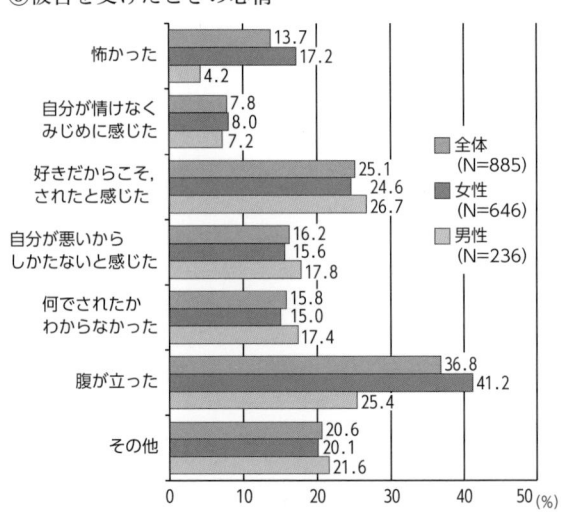

心情	全体(N=885)	女性(N=646)	男性(N=236)
怖かった	13.7	17.2	4.2
自分が情けなくみじめに感じた	7.8	8.0	7.2
好きだからこそ，されたと感じた	25.1	24.6	26.7
自分が悪いからしかたないと感じた	16.2	15.6	17.8
何でされたかわからなかった	15.8	15.0	17.4
腹が立った	36.8	41.2	25.4
その他	20.6	20.1	21.6

I　ワークシートにまとめる活動編

□ デートDVについて考える

		年	組	番

1 デートDVと言う言葉を聞いたことがあるだろうか。　（　ある　　　ない　）（○で囲む）

2 デートDVとは

3 あなたが経験した項目や見たり聞いたりした項目にチェックしてみよう。

1	バカなどと，傷つく呼び方を（する／される）	
2	自分の予定を優先させないと無視したり，不機嫌になる	
3	ケータイの着信履歴やメールをチェック（する／される）	
4	メールで常に行動を報告させたり，返信（させる／させられる）	
5	相手の意見を聞かずに，自分勝手に物事を（決める／決められる）	
6	思い通りにならないと，どなったり責めたりおどしたり（する／される）	
7	殴るふりをしたり，叩いたりけったり（する／される）	
8	無理やり性的な行為を（する／される）	
9	避妊をしない	
10	いつも一緒にいることを要求（する／される）	
11	いつも（おごらせる／おごらされる）	
12	いつも相手の機嫌を損ねないように気を配っている	

（名古屋市総務局男女平等参画推進室発行）

4 暴力には5つタイプがある。3の「デートDVチェック」を参考にしながら，具体的な内容を考えてみよう。

言葉の暴力	
身体的暴力	
心理的暴力	
性的暴力	
経済的暴力	

5 どうしてこのような暴力が起こるのだろうか。思うところを書き出してみよう。

＊「デートDVかな」と感じたら，公的機関や信頼できる人にできるだけはやく相談しよう。

【感想・気づいたこと】

まとめてみよう！ ―ワークシート例―

22 家族について考える　指導の手引き

領　域	家族（家庭生活，家族の役割）
目　的	家族について考えさせ，家庭生活にはさまざまな家事労働があることを確認させる。

【準　備】
● ワークシート，資料

【方　法】
● サザエさん一家について説明をする。たとえば…
波平：福岡県出身で明治生まれの中学卒業，年齢は54歳。フネ：静岡県出身で女学院卒で48歳。サザエ：27歳，女学校卒。マスオ：32歳，早稲田大学卒（二浪）。タラオ：3歳。カツオ：小学校5年生。ワカメ：小学校1年生。など

1. 設問1，2に答えさせる。
2. 何人かの生徒に発表させる。
3. 感想・気づいたことをまとめさせる。
4. 次の時間に生徒の意見をまとめて話し，人によって家族のとらえ方が異なることに気づかせる。

（参考文献：東京サザエさん学会『磯野家の謎』飛鳥新社，1992年）

【生徒の回答例】

設問1．マスオさんの家族
- 最も少ない：2人＋1匹［サザエ，タラオ，タマ］
- 最も多い：9人＋1匹［波平，フネ，ワカメ，カツオ，サザエ，タラオ，母，父（死亡），兄，タマ］

設問2．家事
- 料理：フネを中心にして波平，カツオとワカメ
- 皿洗い：波平，マスオ
- 掃除：マスオの兄の妻
- 洗濯：フネ
- たたむ（整理）：カツオ，ワカメ
- 買い物：会社帰りに波平，マスオ
- ふとん整理：自分のふとんは自分でかたづける
- アイロン：フネ，マスオ

設問3．困ること
- 衣食住が困る
- 話す相手がいない
- 精神的につらい
- さびしい
- 経済的に困る
- 安心できる場所がなくなる
- 学校に行けない
- 朝起こしてくれる人がいない

設問4．家族とは
- 心，生活の支え，一人でもかけてはならない
- 何も言わなくてもわかり合える
- 一番の理解者　● 自分が自分らしくいられる場所
- 無条件に支え合い，信頼できる存在
- 一番身近で大切な存在　● 生きる源
- けんかしてもすぐ戻れる不思議な存在
- お互いに支え合って生きていく大切な人たち
- うるさくてたまに嫌になるけどいないと寂しい
- 無償で愛してくれ，育ててくれる　など

【家族の範囲に関する調査（家族とみなすかどうかについての質問）】
(%)

	家族だと思う	どちらかというと思う	どちらかというと思わない	思わない
①結婚したときから，別々に住居をもっているが，よく行き来する夫婦	51.2	34.4	12.0	2.4
②単身赴任して，ほとんど行き来がない夫婦	55.6	26.5	11.1	6.8
③一緒に生活しているけれども，愛情がまったく感じられなくなった夫婦	31.0	30.0	31.1	7.9
④法律的には夫婦でも，嫌いになって別居している夫婦	23.5	7.6	31.0	37.9
⑤息子が結婚して別居している親夫婦と子ども夫婦の関係	75.7	14.6	6.5	3.2
⑥娘が結婚し夫の姓に変わり，別居しているが行き来の頻繁な親と娘の関係	87.6	7.5	1.6	3.3
⑦夫の両親と同居し，和やかに一緒に生活している嫁と夫の親	73.2	14.6	5.7	6.5
⑧夫の両親と同居しているが，お互いに不和な嫁と夫の親	34.8	28.1	25.6	11.5
⑨愛情を込めて育てているペット	80.2	13.3	3.3	3.2

（調査対象：愛知県内高校生男女328名，2014年）

家族について考える

年　　組　　番

○「サザエさん」の家系図を見ながら，質問に答えよう。

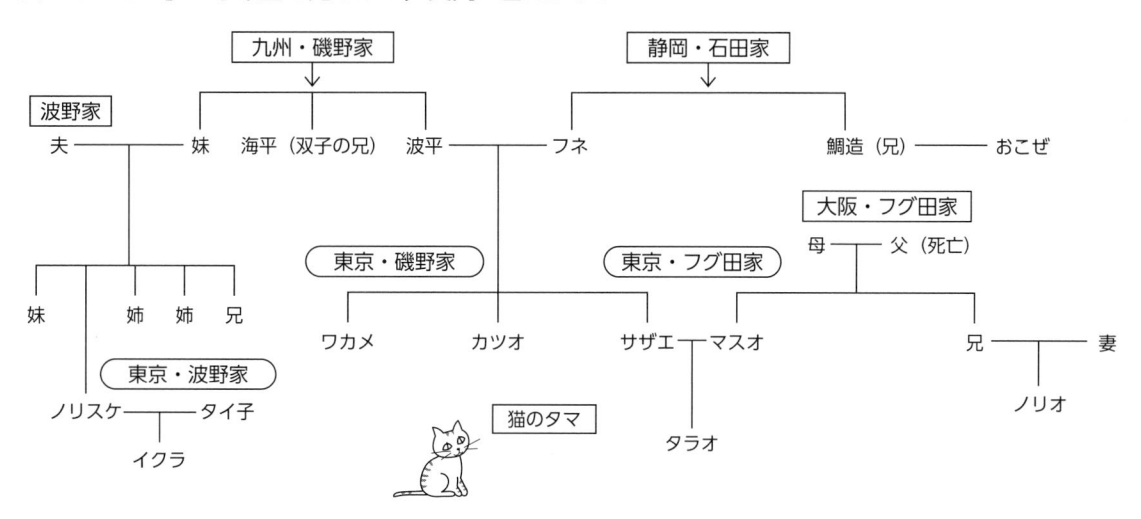

```
          九州・磯野家              静岡・石田家
波野家
 夫 ─ 妹  海平（双子の兄） 波平 ─ フネ     鯛造（兄）─ おこぜ
                                           大阪・フグ田家
                                           母 ─ 父（死亡）
                 東京・磯野家    東京・フグ田家
妹 姉 姉 兄       ワカメ カツオ   サザエ ─ マスオ      兄 ─ 妻
    東京・波野家                                     ノリオ
  ノリスケ ─ タイ子              タラオ
     イクラ          猫のタマ
```

1　マスオさんにとって家族と呼べるのは誰だろうか。書き出してみよう。

2　サザエさんが2泊3日の町内会の旅行に出かけることになった。家事はどうするだろう。タラちゃんの世話や家事労働などを具体的に取り上げ，解決策を考えてみよう。

3　もし家族がいなかったら困るだろうと思うことを書き出してみよう。

4　家族とはどんなものだと思うか，簡単にまとめてみよう。

【感想・気づいたこと】

まとめてみよう！ ―ワークシート例―

23 高齢者について考える 指導の手引き

領　域	高齢者（高齢期の特徴をとらえる，人の一生と家族・家庭生活）
目　的	自分の高齢者に対するイメージに偏りがなかったか気づかせる。高齢期を自分の将来の問題として考えることができたか確認させる。

【準　備】
●ワークシート，資料

【方　法】
1．高齢者に対するイメージを単語で答えさせ，黒板に書いていく。
2．加齢に関する知識を判定するための理解クイズに答えさせる（正しいと思えば○，間違っていると思えば×）。
3．厚生労働省が作成した「介護予防基本チェックリスト」の1〜20項目（抜粋）を説明しながら確認させる。
4．数人の生徒に気づいたことを発表させる。
5．まとめとして，次のようなことを確認させる。
　　設問1で，高齢者の外見しかイメージできなかった生徒が，理解クイズやチェックリストによって，高齢者を具体的に理解し，高齢者への接し方，共生の仕方を心得させることが重要である。高齢者疑似体験のペーパー版として利用したい。

【生徒の回答例】
設問1．腰が曲がる，杖をつく，白髪，入れ歯，老眼，耳が遠い，などさまざまな言葉が出てくる。
設問2．高齢者：65歳以上
設問3．後期高齢者：75歳以上
設問4．【高齢者（加齢）理解クイズ】
正しいと思えば○，間違っていると思えば×をつけてみよう。

	項目	正答	正答率
1	高齢になると，五感すべてが衰えがちになる。	○	74.6
2	高齢者の仕事などの効率は，若い人より低い。	×	27.0
3	大多数の高齢者には，記憶喪失や認知症などの老化現象があらわれる。	×	36.9
4	高齢者が運転事故を起こす割合は，65歳以下より高い。	×	33.3
5	高齢者は年をとるにつれて，信心深くなる。	×	63.5
6	80％以上の高齢者は，日常生活に差し支えないほど健康である。	○	57.5
7	多くの高齢者は，現在働いているか，家事やボランティアを含む何らかの仕事をしたいと思っている。	○	72.6
8	高齢者は通常，新しいことを学ぶのに時間がかかる。	○	88.3
9	多くの高齢者は社会的に孤立している。	×	62.5

（愛知県高校生男女410名，2014年）

【資料　加齢にともなう知識の変化】

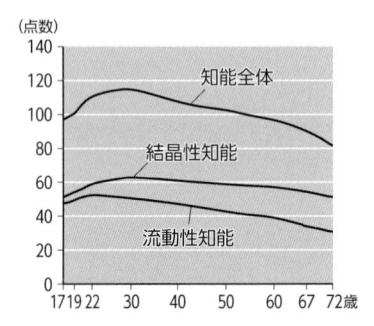

知能全体　流動性知能と結晶性知能を総合した能力
結晶性知能　技術や経験をもとにしてものごとを解決する能力
流動性知能　記憶力や判断力，計算など瞬時にものごとを判断する能力

（下仲順子編著『現代心理学シリーズ14　老年心理学』培風館，1997年）

＊近年，二〜三世代家族で暮らす高齢者が減少し，夫婦二人のみや一人暮らしといった高齢者世帯が増加している。「おひとりさま」「孤族」という言葉が新聞で取り上げられたり，「孤独死」が増加している現状も報告されている。若いうちから「老後は一人」と考えておく。

高齢者について考える

1 高齢者に対するイメージとして、思いつくことを単語で書き出してみよう。

2 高齢者とは何歳以上の人をいうのだろうか。　　　（　　　）歳以上

3 後期高齢者とは何歳以上の人をいうのだろうか。　（　　　）歳以上

4 高齢者（加齢）理解クイズに答えてみよう。

正しいと思えば○、間違っていると思えば×をつけてみよう。

【資料　介護予防　基本チェックリスト】
（厚生労働省作成抜粋）

	項目	○×
1	高齢になると、五感すべてが衰えがちになる。	
2	高齢者の仕事などの効率は、若い人より低い。	
3	大多数の高齢者には、記憶喪失や認知症などの老化現象があらわれる。	
4	高齢者が運転事故を起こす割合は、65歳以下より高い。	
5	高齢者は年をとるにつれて、信心深くなる。	
6	80％以上の高齢者は、日常生活に差し支えないほど健康である。	
7	多くの高齢者は、現在働いているか、家事やボランティアを含む何らかの仕事をしたいと思っている。	
8	高齢者は通常、新しいことを学ぶのに時間がかかる。	
9	多くの高齢者は社会的に孤立している。	

暮らしぶり（その1）	1	バスや電車で一人で外出していますか
	2	日用品の買い物をしていますか
	3	預貯金の出し入れをしていますか
	4	友人の家を訪ねていますか
	5	家族や友人の相談にのっていますか
運動機能	6	階段や手すりを、壁をつたわらずに昇っていますか
	7	いすに座った状態から何もつかまらずに立ち上がっていますか
	8	15分くらい続けて歩いていますか
	9	この1年間に転んだことがありますか
	10	転倒に対する不安は大きいですか
暮らしぶり（その2）	11	週に1回以上は外出していますか
	12	昨年と比べて外出の回数が減っていますか
	13	周りの人から「いつも同じことを聞く」などの物忘れがあると言われますか
	14	自分で電話番号を調べて、電話をかけることをしていますか
	15	今日が何月何日かわからないときがありますか
こころ	16	（ここ2週間）毎日の生活に充実感がない
	17	（ここ2週間）これまで楽しんでやれていたことが楽しめなくなった
	18	（ここ2週間）以前は楽にできていたことが今ではおっくうに感じられる
	19	（ここ2週間）自分が役に立つ人間だと思えない
	20	（ここ2週間）わけもなく疲れたような感じになる

【感想・気づいたこと】

年　組　番

まとめてみよう！　―ワークシート例―

24　宣伝トリックを見抜こう　指導の手引き

領　域	食生活（食生活を見直す，食品の選択・安全）
目　的	自分自身で選ぶ豊かな食生活を作るためのメディアリテラシーを得る。

【準　備】

1．フードファディズムを理解させる一つの方法として，本書p.92「食情報に踊らされていませんか？」を読ませた後，取り組ませる。また，逆でもよい。
2．健康食品の広告・チラシ（自分が気になっているもの）を準備させるのもよい。
3．ワークシート

【方　法】

設問1．キャッチコピーを読んで思いつくこと，期待することを素直に箇条書きさせ，その理由となる言葉をキャッチコピーから引き出させる。何となくそう思ったことも入れてよい。
　　　・数人の生徒に発表させる。

【生徒の回答例】

- 何となくダイエット飲料と思った（実際には書いてない）。
- スリムラインという商品名から飲むとやせるのではないかと思った（やせるとは書いてない）。
- カプサイシンとあるので脂肪を燃焼させると思った（書いてない）。
- ショウガで体が温まり，エネルギーを消費すると思った（書いてない）。
- 食物繊維とカルシウムが補給できると思った（少ない量だが，思わせてしまう）。
- カロリーオフとあるのに熱量があるのはなぜか？（カロリーオフがカロリーゼロと認識）
- ビタミンB群があるので疲れがとれる（書いてない）。

【教師からの解説】

　実際には，カルシウムも食物繊維も微々たる量である。カルシウムは，15～17歳で1日当たり男子800mg，女子650mg摂取が推奨量である。これ1本飲んでも40mgの摂取量にしかならない。また食物繊維は，15～17歳で1日当たり男子19g以上，女子17g以上が目標量であるが，これ1本で2.5g，目標量には程遠い。
　カロリーや脂肪とは縁のない飲料であるとは書いていない。カプサイシンはトウガラシの辛み成分で，体脂肪の燃焼促進に作用することは科学的に認められているが，大量に長期間摂取しなければ効果はない。

設問2．解答
　　$16 \times 5 = 80$ kcal
　これを1本飲めば80kcalの摂取になる。100mL当たりの表示であるが，1本当たりの表示と間違えやすい。

【解説】

　カロリーオフとは，カロリーゼロではない。「栄養表示基準制度」（厚生労働省）により，飲料ならば100mL当たり20kcal以下であれば「オフ」と表示してよい。ノンカロリーやゼロカロリー表示も同じことで，飲料ならば100mL当たり5kcal未満なら「ノン」や「ゼロ」と表示できる。

年	組	番

宣伝トリックを見抜こう

1 次の健康ドリンクのキャッチコピーを読んで，どんな効果が期待できるだろうか。思いつくことを箇条書きにしてみよう。

健康ドリンク　スリムライン　ＳＬＩＭＬＩＮＥ　　1本500mL

　現代人にはぴったりのカロリーオフドリンク。脂肪ゼロ。不足がちなカルシウム，食物繊維入り。体を温めるショウガ，爆発的な燃焼を促すトウガラシに含まれるカプサイシン，代謝によいビタミンB群も入っています。これさえ飲めば健康でばっちりスリムライン。「足りない栄養はサプリで補うに限ります。」

●栄養成分（100mL 当たり）

エネルギー	16kcal	ビタミンC	28mg
たんぱく質	0g	ビタミンB_1	0.10mg
脂質	0g	ビタミンB_6	0.15mg
糖質	4.0g	ビタミンB_{12}	0.15μg
ナトリウム	3mg	カルシウム	8mg
食物繊維	0.5g		

【思いつくこと】

2 このドリンク1本のエネルギー量を計算してみよう

【感想・気づいたこと】

まとめてみよう！ —ワークシート例—

25 食品添加物を見分けよう　指導の手引き

領　域	食生活（食品添加物，食品表示），消費生活
目　的	表示をよく見る姿勢を養い，自分の食生活を考える一端とする。

【準　備】
● ワークシート

【方　法】
1．設問1〜3に答えさせる。
2．コンビニで買ったおにぎりを弁当に持ってきている生徒がいれば，それの表示を読み上げさせる。
3．Bの清涼菓子は，眠気覚ましに持っている生徒もいる。確認させるとよい。

【解答と解説】
設問1．Aの添加物：増粘剤（加工でん粉），pH調整剤，グリシン　Bの添加物：原材料は，すべて食品添加物
＊食品添加物の解説
　増粘剤：粘り気を出す。
　pH調整剤：酸性度やアルカリ度を調節し，保存性を高める。
　グリシン：日持ち向上剤として菌の生育を抑える効果がある。アミノ酸の一種のため保存性を高める目的で添加されていても保存料無添加と表示できる。
　甘味料：すべて新しい甘味料でほとんどエネルギー源にはならない。アスパルテームは砂糖の150〜200倍の甘味度。単体で使うと苦味が出たりするため，何種類かの甘味料を併用すると相乗効果によって甘味料どうしが互いの後味を隠し，単独で用いるより甘味が増すといわれる。アスパルテームは安全性を危ぶむ議論が起きている。
　ショ糖エステル：乳化剤。
　微粒酸化ケイ素：品質保持のため。粒がくっつかないようにするため。
＊Bは若者には身近な食品で，食品添加物だけでできていることに生徒は驚く。特に合成甘味料は気をつけたい食品添加物であること，毎日食べるものではないことを伝える。
設問2．家で作れば塩鮭とご飯，塩，海苔だけで簡単にできる。
　　　　生徒には「食品添加物＝悪者」，「惣菜や弁当をまったく利用しない生活」など，不安を押しつけるのではなく，もう少し「原材料表示を見よう」，「他社同種食品と比較しよう」と伝える。
設問3．ほとんどの生徒がDを選択する。理由：価格は高くても食品添加物が少ないから。

【生徒に伝えたいこと】
　台所にはさまざまな調味料・香辛料がある。しょう油，味噌，砂糖，塩，酢などの基本調味料のほか，ベーキングパウダーなどの膨らし粉を使ったり，くちなしの実で黄色く着色したり，紫蘇で梅干しを漬けたりすることはあるだろう。食品添加物は，家では食品として使わないものと心得ればよい。
　表示には重量の多い順に原材料名が書かれ，続けて，食品添加物名が重量の多い順に書いてある。（「加工食品品質表示基準」第4条（2））
　また私たち消費者は，化学合成添加物は人体への影響（特に相乗作用）がまだわからない状態で使用しているということを念頭において，できる限り表示を見て食品添加物の少ないものを買う心がけが必要であろう。賢い消費者は，他社から販売されている同種の食品の原材料表示を比較してみて，すっきりした表示のものを選び，「消費者の買わないものは商品として作られない」，「ニーズのないものは店頭から消える」ことを知っている。

参考文献：大森義仁・藤巻正生『わかりやすい食品添加物』厚生省生活衛生局化学課監修，社会保険出版社，1988年
　　　　　渡辺雄二『食卓の化学毒物辞典』三一書房，1995年
　　　　　渡辺雄二『体を壊す10大食品添加物』幻冬舎，2013年
　　　　　郡司和夫『これを食べてはいけない』三笠書房，2010年
　　　　　安部司『食品の裏側』東洋経済新報社，2005年
　　　　　米虫節夫『どうすれば食の安全は守られるのか』日科技連出版社，2008年

	年	組	番

食品添加物を見分けよう

1 A・Bの食品表示から，食品添加物をそれぞれ抜き出してみよう。

A
名称：おにぎり
原材料名：塩飯（国産米使用），焼鮭，海苔，増粘剤（加工でん粉），pH調整剤，グリシン，（原材料の一部に小麦・大豆を含む）
消費期限：○○.○.○○　午後7時
1包あたり：熱量184kcal，たんぱく質7.0g，脂質1.1g，炭水化物36.4g，Na320g
【添加物】

B
名称：ソーダ味の清涼菓子　○○○ィア
原材料名：甘味料（ソルビトール，アスパルテーム・L-フェニールアラニン化合物，アセスルファムK），酸味料，ショ糖エステル，香料，微粒酸化ケイ素，紅花色素，クチナシ色素，アントシアニン色素
【添加物】

2 Aの鮭入りおにぎりを家で作るとき，必要な材料名を書き出してみよう。

3 下記のC・Dの商品はどちらもロースハムである。あなたならどちらのハムを選ぶだろうか。その理由も書きなさい。

○どちらを選ぶか（　　　　）

C　加熱食肉製品（加熱後包装）　300円	
名称	ロースハム（スライス）
原材料名	豚ロース肉，糖類（水あめ，砂糖），卵たん白，食塩，大豆たん白，還元水あめ，乳たん白，豚コラーゲン，ペプチド（ゼラチン含む），酵母エキス，リン酸塩（Na），調味料（アミノ酸），増粘多糖類，酸化防止剤（ビタミンC），コチニール色素，発色剤（亜硝酸Na），香辛料
内容量	114g（38g×3）　賞味期限　00.0.00
保存方法	10℃以下で保存してください
製造者	○○○株式会社

D　加熱食肉製品（加熱後包装）　400円	
名称	ロースハム（スライス）
原材料名	豚ロース肉，卵たん白，糖類（砂糖・粉末水あめ），食塩，たん白加水分解物，乳たん白，酵母エキス
内容量	56g　賞味期限　表面上部に記載
保存方法	10℃以下で保存してください
製造者	株式会社○○○○

○選んだ理由

【感想・気づいたこと】

まとめてみよう！ —ワークシート例—

26 基礎代謝量とエネルギー必要量を計算しよう　指導の手引き

領 域	食生活（基礎代謝，エネルギー，BMI）
目 的	自分のBMIやエネルギー必要量を計算して，食事計画や生活習慣に役立てられるようにする。

【準 備】
● ワークシート

【方 法】
● 説明しながら設問1～6に答えさせる。このワークは，人と比較する必要も，正しい答えもないことを知らせておく。

【解答と解説】
設問2．BMIから，自分の身長に見合う標準の体重を割り出すことができる（身長×身長［m］×BMI値22）。
　　　若い女性は，実際の体重が標準であるのにやせたいと思う願望が強く，ダイエットに励む傾向がある。成長期に必要な食事量を減らしてやせるのではなく，適度な運動をすることで筋肉量を増やし，基礎代謝量を上げて健康的に行うことが大切である。
設問3．基礎代謝量とは，安静にしているときや寝ているときでも体温の維持や臓器の活動に最低限必要なエネルギー量のこと。寝ていても心臓や脳，呼吸器，消化器など，からだの中の器官はさまざまな活動をしている。

【資 料】
● 身体活動レベルとは
　身体活動は人によってさまざまである。机に座りっぱなしの事務職の人もいれば，歩き続ける営業職，立ちっぱなしで重労働をする専門職など個人差が大きい。3段階に分けているので自分の活動レベルで計算させるとよい。

【身体活動レベル別にみた活動内容と活動時間の代表例】

身体活動レベル	低い（Ⅰ） 1.50（1.40～1.60）	ふつう（Ⅱ） 1.75（1.60～1.90）	高い（Ⅲ） 2.00（1.90～2.20）
日常生活の内容	生活の大部分が座位で，静的な活動が中心の場合	座位中心の仕事だが，職場内での移動や立位での作業・接客等，あるいは通勤・買い物・家事，軽いスポーツ等のいずれかを含む場合	移動や立位の多い仕事への従事者，あるいは，スポーツ等余暇における活発な運動習慣を持っている場合
中程度の強度（3.0～5.9メッツ）の身体活動の1日当たりの合計時間（時間/日）	1.65	2.06	2.53
仕事での1日当たりの合計歩行時間（時間/日）	0.25	0.54	1.00

（厚生労働省「日本人の食事摂取基準2015年版」より）

● 食事摂取基準とは
　栄養素の欠乏症や過剰症を防ぎ，健康の維持・増進に必要なエネルギーや各種栄養素の摂取量を示したものが「日本人の食事摂取基準」である。「日本人の食事摂取基準」では，エネルギーの過不足によるリスクが最も少ない推定エネルギー必要量のほか，栄養素については欠乏症を防ぐ推奨量や目安量，過剰摂取による健康障害を防ぐための上限量も設定されている。近年，食生活の変化やサプリメントの普及などにより，特定の栄養素を摂り過ぎる心配が出てきたからである。

【推定エネルギー必要量（kcal/日）】

性別	男性			女性		
身体活動レベル	Ⅰ	Ⅱ	Ⅲ	Ⅰ	Ⅱ	Ⅲ
15～17（歳）	2,500	2,850	3,150	2,050	2,300	2,550
18～29（歳）	2,300	2,650	3,050	1,650	1,950	2,200

（厚生労働省「日本人の食事摂取基準2015年版」より）

年 組 番	

☐ 基礎代謝量とエネルギー必要量を計算しよう

1 あなたのプロフィールをまとめよう。

年齢	歳	性別	F ・ M
身長	cm （　　）m	体重	kg
運動習慣の状況			

2 自分のBMI（Body Mass Index：体格指数）を計算してみよう。

$$BMI = \frac{体重（kg）}{身長（m）×身長（m）}$$

自分のBMI（　　　　　）
判定（　　　　　）

判定	BMI
低体重（やせ）	18.5未満
普通体重	18.5以上25未満
肥満	25以上

BMI 22＝標準

3 基礎代謝とは何か，簡単にまとめてみよう。

4 自分の基礎代謝量を計算してみよう。

基礎代謝量（kcal/日）＝基礎代謝基準値（kcal/kg体重/日）×体重（kg）

基礎代謝基準値（kcal/kg体重/日）

	男性	女性
15～17（歳）	27.0	25.3

5 あなたの1日のエネルギー必要量はどのくらいだろうか。　予想（　　　　　）kcal/日

6 自分の推定エネルギー必要量を計算してみよう。また，標準の推定エネルギー必要量と比べてみよう。

推定エネルギー必要量（Kcal/日）＝基礎代謝量（Kcal/日）×身体活動レベル
推定エネルギー必要量（　　　　）kcal/日

身体活動レベルの群分け（男女共通）

	レベルⅠ（低い）	レベルⅡ（ふつう）	レベルⅢ（高い）
15～17（歳）	1.55	1.75	1.95

推定エネルギー必要量（kcal/日）

性別	男性			女性		
身体活動レベル	Ⅰ	Ⅱ	Ⅲ	Ⅰ	Ⅱ	Ⅲ
15～17（歳）	2,500	2,850	3,150	2,050	2,300	2,550

【感想・気づいたこと】

まとめてみよう！ ―ワークシート例―

27 エネルギー消費量について考える　指導の手引き

領　域	食生活（基礎代謝，食事摂取基準，エネルギー消費量）
目　的	エネルギー消費量を知ることから，健康やダイエットについて考えさせる。

【準　備】
1．ワークシート
2．資料プリント

【方　法】
1．ワークシートに示したA・Bさんのエネルギー消費量は，小数第1位を四捨五入している。したがって，設問1と2の解答は，一致しない場合もある。
2．設問1に答えさせる。
3．METsの説明後，設問2に答えさせる。

設問2．解答
エネルギー消費量（kcal）
= 4（METs）× 2（h）× 60（kg）× 1.05
= 504（kcal）

設問1．解答　　　　　（計算例　※57×8＝456kcal）

動作	時間(h)	(A)さんの1日のエネルギー消費量 kcal	(B)さんの1日のエネルギー消費量 kcal
睡眠	8	※ 456	344
食事	1	96	72
会話	1	94	70
授業	7	798	602
テレビ	2	128	96
自転車	1	504	378
部活	2	504	380
風呂	0.5	48	36
身支度	0.5	66	48
階段	0.5	174	132
散歩	0.5	95	71
合計	24	2,963	2,229

【資　料】
●生活習慣病予防やメタボリックシンドロームなどに対する関心が高まり，「エネルギー消費量」が注目されている。20年以上前に，アメリカで体格などに左右されない新しい単位が使われるようになった。運動強度をあらわす新しい単位は，「METs/metabolic equivalents」で「代謝に相当する価」という意味。体を動かしたとき感じる「楽さ」や「きつさ」といった運動の強度である。METsが登場したことでエネルギー消費量の計算が簡単にできるようになった。
　1 METs（メッツ）＝座って安静にしている状態
　　　→　8 METs＝座って安静にしている状態×8倍に相当する活動強度
●めやすとして，座って1メッツ，立って2メッツ，歩いて3メッツ，やや速歩と自転車4メッツ，かなり速歩5メッツ，ジョギング6メッツ，階段の昇り8メッツ，と覚えておけばよい。

【摂取エネルギーを消費するのに必要な運動量の例】

食品	g	kcal	運動	METs	Aさん	Bさん
ハンバーガー	95	255	通勤や通学で歩く	4.0	1時間1分	1時間20分
ショートケーキ	100	344	水中体操	4.0	1時間22分	1時間49分
シーフードピザ	210	501	エアロビクスダンス	6.5	1時間13分	1時間38分
牛丼並	280	655	ジョギング	7.0	1時間29分	1時間59分
オムライス	350	774	縄跳び	10.0	1時間13分	1時間38分

牛丼　655kcal　→　消費するには…　ジョギング約1時間30分

参考文献：田中茂穂『動いてやせる！　消費カロリー事典』成美堂出版，2010年

年	組	番

エネルギー消費量について考える

1 ある１日の生活時間から，AさんまたはBさんのエネルギー消費量を下表を使って計算してみよう。
Aさん（男性・体重60kg）　　Bさん（女性・体重45kg）

・睡眠	8時間	・自転車通学（きつい）	1時間
・座って食事	1時間	・部活・バレーボール	2時間
・座って会話や電話をする	1時間	・風呂に入る	30分
・授業を受ける（ノートをとる・討論）	7時間	・身支度（洗顔・歯磨きなど）	30分
・座ってテレビを見る	2時間	・階段を上り下りする	30分
		・犬の散歩	30分

METs	動作	時間（分）	エネルギー消費量（kcal） Aさん：男性 体重60kg	エネルギー消費量（kcal） Bさん：女性 体重45kg
0.9	睡眠	60	57	43
1.5	座って食事	20	32	24
1.5	座って会話や電話をする	30	47	35
1.8	授業を受ける	30	57	43
1.0	座ってテレビを見る	30	32	24
8.0	自転車通学（きつい）	30	252	189
4.0	部活・バレーボール	30	126	95
1.5	風呂に入る	15	24	18
2.0	身支度（洗顔・歯磨きなど）	5	11	8
5.5	階段を上り下りする	5	29	22
3.0	犬の散歩	30	95	71

（　　）さんの１日のエネルギー消費量

時間（h）	kcal
合計	

2 運動強度を表す国際的な単位，「METs／metabolic equivalents」は「代謝に相当する価」という意味である。METsを使うことでエネルギー消費量の計算が簡単にできるようになった。
　METsは，身体活動の強さを安静時の何倍に相当するかであらわす単位。1 METsは，座って安静にしている状態をいう。エネルギー消費量は，METsを使って，下記の式で求められる。
　Aさんが，2時間バレーボールをしたときのエネルギー消費量を求めてみよう。
　エネルギー消費量（Kcal）＝（　　　）METs×動作時間（h）×体重（Kg）×1.05

（式）　　kcal

【感想・気づいたこと】

まとめてみよう！ —ワークシート例—

28 制服から考える 指導の手引き

領 域	衣生活（被服の役割，取り扱い絵表示，被服材料）
目 的	毎日着ている制服から，被服の役割や被服材料，取り扱い絵表示などについて理解させる（制服がない場合は，通学によく着ている服や運動着等から理解させる）。

【準 備】
1．制服
2．ワークシート

【方 法】
1．解説を加えながら，設問1に回答させる。
2．a, bそれぞれ数人の生徒に発表させる。
3．設問2に回答させる。数人の生徒に発表させる。
＊生徒の回答例：制服がないと，朝着るものに悩む，私服にお金がかかる，生徒と認識されにくい，など。

4．設問3に解答させる。生徒に発表させながら，説明を加えて解説する。
＊解答：① 社会的　② 職業　③ 所属　④ 自覚

5．設問4,5は，自分の制服の各表示または教師からの情報（板書する）で記入させる。絵表示は教科書の掲載ページから読み取らせる。
6．設問6に取り組ませる。
＊解答
①被服気候：被服を身につけると皮膚との間，あるいは重ねた被服との間に空気層ができ，外気とは異なる温度や湿度をもつ気候を作り出す。これを被服気候という。
②T：Time（時）　　P：Place（場所）　　O：Occasion（場合）
③クールビズ：CO_2削減や電力不足対策のため，冷房を控え，軽装で対応する。
　ウォームビズ：暖房温度を下げ，重ね着やひざかけなどで温かくする。

【資料　取り扱い絵表示】
（消費者庁資料，2015年3月）

	JIS L 0001		JIS L 0217			JIS L 0001		JIS L 0217	
洗濯・漂白・ドライクリーニング	40	液温は40℃を限度とし，洗濯機で洗濯ができる	40	液温は40℃を限度とし，洗濯機による洗濯ができる	アイロン・乾燥	・・・	底面温度200℃を限度としてアイロン仕上げができる	高	210℃を限度とし，高い温度（180～210℃まで）で掛けるのがよい
	40	液温は40℃を限度とし，洗濯機で弱い洗濯ができる	弱40	液温は40℃を限度とし，洗濯機の弱水流又は弱い手洗いがよい		・・	底面温度150℃を限度としてアイロン仕上げができる	中	160℃を限度とし，中程度の温度（140～160℃まで）で掛けるのがよい
	手	液温は40℃を限度とし，手洗いができる	手洗イ30	液温は30℃を限度とし，弱い手洗いがよい。洗濯機は使用できない		・	底面温度110℃を限度としてアイロン仕上げができる	低	120℃を限度とし，低い温度（80～120℃まで）で掛けるのがよい
	✕	家庭での洗濯禁止	✕	水洗いはできない			日陰のつり干しがよい		日陰のつり干しがよい
	✕	塩素系及び酸素系漂白剤の使用禁止	エンソサラシ✕	塩素系漂白剤による漂白はできない		—	平干しがよい	平	平干しがよい
	✕	ドライクリーニング禁止	ドライ✕	ドライクリーニングはできない			日陰の平干しがよい	平	日陰の平干しがよい

＊2015年3月31日「家庭用品品質表示法（繊維製品品質表示規程）」改正。2016年12月1日以降販売される商品から，新JIS（JIS L 0001）に切り替わる。

	年　　　組　　　番

☐ 制服から考える

1 あなたは，制服があった方がいいと思うだろうか（a，bのいずれかに○）。また，その理由を書き出してみよう。
　　a．あった方がいい
　　b．ない方がいい

理由：

2 制服がなかったらどうなるのか，想像して書き出してみよう。

3 被服の役割について，（　　）に当てはまる語句を記入して，まとめてみよう。
　　被服の機能には，保健衛生的機能と社会的機能がある。制服は，①（　　　　　）機能の一つであり，制服を着ることで，②（　　　　　）や，③（　　　　　）を示し，着用者の④（　　　　　）を促す役割をもっている。

4 以下の取り扱い絵表示は，制服に示されていることが多い。その意味をまとめてみよう。

①　　　②　　　③
④　　　⑤　　　⑥

【絵表示の意味】
①－
②－
③－
④－
⑤－
⑥－

5 あなたの制服の表示を見て，繊維名やその割合を書き出してみよう。

6 被服に関する次の言葉の意味をまとめてみよう。
　①被服気候：

　②T.P.O.：T
　　　　　　P
　　　　　　O
　③クールビズ（ウォームビズ）：

【感想・気づいたこと】

> まとめてみよう！ ―ワークシート例―

29 安全性と快適さに配慮した住まい方を考えよう　指導の手引き

領　域	住生活
目　的	安全で快適な住まい方を考える。自分の現在の住生活を振り返らせる機会にもなる。

【準　備】
●ワークシート

【方　法】
●設問1～3に答えさせる。

【回答例】
設問1．×が一つでもついた生徒には，安全の見直しをさせる。これらは最低限の準備である。

設問2．チェック項目
　室内：照明の位置と明るさ，日照，採光，風通しと換気，段差，化学物質の使用。
　ベランダ：手すりの高さ，防火壁，避難ハッチなど上・下階との関係。
　階段：手すりの有無，勾配は急か，踏み面の奥行と段差の高さ，照明がつくか。
　浴室：床は滑りにくいものか，浴槽の高さや位置，換気はできるか，手すりの有無。蛇口・シャワーなどの取り付け位置は安全か。トイレにも同じ項目があげられる。
　その他：廊下は車いすが通れる幅か，避難経路に物が置いていないか，防犯設備が整っているか，家は耐震になっているか，防炎加工の壁紙やカーテンが使ってあるか，エレベーターがついているか，避難経路は決めてあるか，煙感知器はついているか。

設問3．近隣に迷惑になる可能性のある行為例
- 冷暖房機の音
- 布団をたたく音
- 楽器・ステレオ・テレビなどの音
- ペットの鳴き声，猫のフン
- 家具・椅子などの設備音
- ドアの開閉音
- 子どもの暴れる音や泣き声
- 調理のにおい，煙
- 肥料・消毒薬のにおい
- 共有スペースの使い方
- ごみの捨て方・出し方のルール違反
- 景観を壊す壁の色やデザイン
- 夜間の洗濯・車のエンジン音
- ベランダの草花の水やりで洗濯物をぬらされた

　　　　　　　　　　　　　　など

	年	組	番

☐ 安全性と快適さに配慮した住まい方を考えよう

1 寝ているときに地震が発生した…。あなたは生き残れるだろうか。次の問いに○×で答えよう。
　　①寝室の家具は固定してある　　　　　　（　　　　　）
　　②非常持ち出し袋の用意はしてある　　　（　　　　　）
　　③枕元に使える状態の懐中電灯がある　　（　　　　　）
　　④体の上に落ちてくるものはない　　　　（　　　　　）
　　⑤枕元に靴などを準備してある　　　　　（　　　　　）
　　⑥家に消火器が配置されている　　　　　（　　　　　）

2 誰にとっても安全で快適な住まいのチェック項目を書き出してみよう。

室内
ベランダ
階段
浴室
その他

3 近隣に迷惑になる可能性のある住まい方の行為の例をあげてみよう。家での取り決めなどがあれば、それも書き出してみよう。

○
○
○
○
○

【感想・気づいたこと】

67

まとめてみよう！ —ワークシート例—

30 リボルビング払いとは　指導の手引き

領　域	経済生活（消費者信用，生活設計）
目　的	クレジットカードの利用は，借金の一種であることを認識させ，利用の際の注意点に気づかせる。

【準　備】
1．クレジットカード見本　　2．ワークシート

【方　法】
1．「18歳以上になると，クレジットカードを利用する機会が出てきます。その際，当たり前のように説明されるリボルビング払いについて学習しましょう」と呼びかける。
2．クレジットカードの見本を見せる（資料プリントにしてもよい）。

【解答と解説】
1の解説
- クレジットカードについて
　クレジットカードとは，消費者の信用（credit）にもとづいて発行されるカードのこと。一定の条件（有効期限，利用可能限度額，支払いの方法など）のもと，代金後払いで商品の購入やサービスの提供を受けることができるもの。一種の借金であることを伝える（実物を見せるとよい）。
　三者間契約が多いので，仕組みを説明する際には，だれが何で利益を受けるのか説明するとわかりやすい。
- 支払い方法の各種
　①翌月一括払い：一般に手数料はかからない。
　②ボーナス一括（1回）払い：これも一般に手数料はかからない。
　③分割払いは，商品やサービスの金額に応じて支払回数，支払い額を決める。
　　通常手数料がかかる（2回までは手数料はかからない）。
　④リボルビング払いは手数料が必要である。
　　手数料を支払額に入れて一定額を決める場合と，一定額に上乗せする方法とがある。
　　ワークシートでは手数料を考えないで計算する方がわかりやすいので，手数料なしとする。

設問2
①翌月一括払いの場合　　　　　　　　　　　　　　　　　　　　　　　　　　（円）

月	4月	5月	6月	7月	8月	9月	10月	11月
支払額	0	30,000	10,000	100,000	0	0	0	20,000
残高	30,000	10,000	100,000	0	0	0	20,000	0

②リボ払いの場合　　　　　　　　　　　　　　　　　　　　　　　　　　　　（円）

月	4月	5月	6月	7月	8月	9月	10月	11月
支払額	0	10,000	10,000	10,000	10,000	10,000	10,000	10,000
残高	30,000	30,000	120,000	110,000	100,000	90,000	100,000	90,000

③次の年の8月，9か月後。
④それぞれの特徴
　翌月一括払いは，使った金額に応じて毎月支払い金額が違ってくるが，何の支払いが終わったかわかりやすい。しかし，自分の収入に応じてその月に支払える範囲の金額にする必要がある。たとえばボーナス収入が見込める場合に高額商品を手に入れるなど。
　リボ払いは，例えば，月々に支払う金額を1万円と決めておけば（定額方式），クレジットカードで（利用可能額の範囲に限る）いくら使っても月々の支払いは1万円であるため，家計の管理がしやすい。しかし，残高がある限りいつまでも支払いは続くため，どの商品の支払いが終わったのかわかりづらい面があり，無計画に利用すると支払残高が増え，支払いが困難になる場合もある。どちらの支払い方式も利用明細をしっかり確認し，支払い金額に間違いがないかよく確認すること，計画的に使わないと借金として残ることを知って利用すること。

	年	組	番

リボルビング払いとは

クレジットカードの支払い方法を理解し，リボルビング払いと翌月一括払いの支払いの計算をしてみよう。

1 クレジットカードの支払方法

支払方法はいろいろあるが，利用時に選択できる。選択できる範囲はクレジットカードによって異なるが，代表的な2例を挙げると次の通りである。

①翌月一括（1回）払い
商品（ものやサービス）を購入した代金を翌月に一括して支払う方法のこと。通常，手数料はかからない。その月内であれば全額を一度に支払う方法である。

②リボルビング払い（リボ払いともいう）
月々の支払金額を一定額，または支払わなければならないお金に対して一定率を決めておき，その額だけを払っていく方法である。通常手数料がかかる。

2 計算してみよう

Aさんは，4月にスーツを新調し，3万円だった。5月に靴を1万円で買った。6月にボーナスを当てにして高級腕時計を10万円で買った。10月に電子レンジを2万円で購入した。

①翌月一括払いの場合 (円)

月	4月	5月	6月	7月	8月	9月	10月	11月
支払額	0							
残高	30,000							

②リボ払いの場合（支払額は定額で1万円，手数料については考えないことにする） (円)

月	4月	5月	6月	7月	8月	9月	10月	11月
支払額	0							
残高	30,000							

③11月以降何も買わなかった場合，リボ払いの支払いが終わるのは何月になるだろうか。

次の年の（　　　　　）月

④ 翌月一括払いとリボ払いのそれぞれの特徴をまとめてみよう。

【感想・気づいたこと】

まとめてみよう！ —ワークシート例—

31 クーリング・オフ制度について考えよう　指導の手引き

領　域	経済生活（消費生活，契約と悪徳商法，消費者救済制度）
目　的	契約の解除が可能な場合を知り，その方法を確認させる。

【準　備】
1．ワークシート
2．資料プリント

【方　法】
　クーリング・オフ制度の説明が終わってから実際に書かせてみる。何を書かねばならないか生徒に発言させてから，取り組ませること。記入例は教科書に記載されている場合もあるので参考にするとよい。

【解　答】
【注意事項】　①コピー　②簡易書留　③消印

【資　料】
●クーリング・オフが可能な条件
　①契約した場所が営業所以外であること。営業所内の契約であっても自分の意志でなくそこへ連れられて行った場合は可能。自分から出かけて行ってもエステティックサロン，語学教室，学習塾，家庭教師，パソコン教室，結婚相手紹介サービスは解約可能。
　②契約書の交付された日から8日以内であること。ただし，マルチ商法，内職商法，モニター商法は20日以内。
　③現金で支払った場合，代金の総額が3,000円以上であること。
　④原則すべての商品・役務（サービス）と，政令で指定された権利＊はクーリング・オフできる。
　　＊権利：保養施設やスポーツ施設の利用権，映画，演劇，音楽，スポーツ，写真または絵画，彫刻その他の美術工芸品などを観覧するチケット，語学の教授を受ける権利等。
　⑤クーリング・オフしたいものが法令で指定された消耗品の場合，開封したり，使用してないこと。たとえば，健康食品や化粧品など。
　⑥自動車契約でないこと。
　⑦通販やネットショッピングでないこと。

●クーリング・オフの方法
　①「契約を解除したい」意志を書面で伝えること。電話や口頭で行わない。
　　「簡易書留」（はがき）または高額な商品は「内容証明郵便」で通知する。
　　はがきの場合は，必ず表・裏両面をコピーしておくこと。
　＊簡易書留とは：郵便物の引き受けと配達部分の記録を行うもの。
　＊内容証明郵便とは：郵便局が文書の写しを保管しておき，文書の内容や日付を証明するもの。
　　　　　　　　　　同じ文書を3部作成して，差出人，郵便局，受取人がそれぞれ1部ずつ持つ。高額商品の契約や契約内容が複雑な場合はこの方法で行う。
　②クレジット払いのときは，信販会社にも通知すること。
　③通知の消印が，クーリング・オフ期間内であること。

●クーリング・オフの効果
　①支払った代金は全額返金される。
　②契約を解除しても損害賠償や違約金を支払う必要はない。
　③商品を受け取っている場合は，業者の負担で商品を引き取ってもらえる。

●未成年の場合
　親（法定代理人）が承諾していない未成年（結婚していない）の契約は，無条件で解約できる。結婚した未成年は成年とみなされるので無条件解約はできない（本書p.72「悪質商法について考えよう」参照）。

	年	組	番

☐ クーリング・オフ制度について考えよう

　クーリング・オフ（cooling-off）制度とは，不意打ちや強制的な状況で行われた契約の解除や申し込みの撤回ができるように設けられている消費者救済制度である。

【設問】愛知花子さんは，路上でアンケートに答えて営業マンといっしょに銀座営業所に出向きました。営業所内で「スリムちゃん」を勧められ，以下の契約をしました。家に帰って頭を冷やして考えた結果，契約の解除をしたいと思いました。解除の通知をはがきのスタイルで書いてみましょう。

解約の日付	20○○年9月25日
契約日	20○○年9月18日
購入場所	◎山株式会社　銀座営業所
商品名	ダイエット健康食品「スリムちゃん」
購入価格	24,000円（全額一括払い）
会社名・住所	◎山株式会社　東京都中央区銀座□□
代表者名（取締役社長）	東海太郎
契約者	愛知花子（28歳）　名古屋市昭和区△△町
状況	未開封　未使用

契約解除（申し込みの撤回）の通知

【宛名】

簡易書留

【注意事項】　（　）に適当なことばを入れよう。
①はがきの両面を（　　　　　　　）しておくこと
②（　　　　　　　　　）または書留郵便で送ること
③はがき通知の（　　　　　　　）がクーリング・オフ期間内であること

【感想・気づいたこと】

まとめてみよう！ ―ワークシート例―

32 悪質商法について考えよう　指導の手引き

領　域	経済生活（消費生活，契約）
目　的	悪質商法について理解を深めさせる。

【準　備】
1．ワークシート
2．契約についてしっかり理解させておく。

【方　法】
1．悪質商法についての学習後，理解を深めるために行う。
2．未成年の契約については，詳しく説明する。

【解　答】
設問1．　1－⑥　　2－⑦　　3－③　　4－④　　5－⑧
設問2．　答え－○　理由：クーリング・オフ期間内であること，買う意思がなかったにも関わらず，突然誘われて考える暇も与えられず契約してしまったから。
設問3．　文書で伝えること。はがきでもよいが，高額の商品の場合は内容証明郵便がよい。
　　　　（本書p.70「クーリング・オフ制度について考えよう」参照）
設問4．　1－負債　　2－破たん　　3－被害者（または加害者）　　4－加害者（または被害者）

【資　料】

●「ネガティブ・オプション」とは「送りつけ商法」のことで，注文もしないのに勝手に商品を送りつけてくる商法である。通販を多く利用する時代になって，誰が何を注文したのか，家族の中で把握していないと，代引きなどの場合，家族の誰かが支払いをしてしまうこともある。また，自分では注文した記憶がないため問い合わせなどをすると，「注文の証拠がある」などと悪質な返答が返ってくる場合も多い。何を通販で注文したのか，家族の記録などを取っておき，家族みんながわかるようにしておく必要がある。誰も注文していなければ，支払いも商品の返送も必要ないが，14日間は未使用で保管すること。

●未成年の契約については無条件で解約できる。ただし，次のような要件が必要である。
　①契約時の年齢が20歳未満であること。
　②契約当事者が婚姻の経験がないこと（一度でも婚姻した場合は成人とみなされる。これを成年擬制という）。
　③法定代理人（多くは親）が同意していないこと。
　④法定代理人が認めた小遣いの範囲内でないこと。
　⑤契約者が成年であるかのように振舞っていないこと。ただし，販売員が20歳と書くように勧めた場合は，無条件で解約できる。
　⑥「成年になってから代金を支払う」などの契約を認めていないこと（19歳で契約したが，20歳になってからも代金を払っていた場合は解約できない）。
　⑦契約の取り消しは，未成年者自身，法定代理人どちらからでもできる。

●その他
　・ワンクリック請求
　・ネットオークション
　・フィッシング
　・オンライン・バンキング
　・スパイ・ウエア

悪質商法について考えよう

AさんとBさんの会話文を読んで，1～3の各問いに答えなさい。

A：昨日ね，家に若い男性の声で，「おめでとうございます。幸運にもあなたに海外旅行券が当たりました。1月10日に日本町のKビルまでお越しください。詳しいご説明は，そのときさせていただきます」と電話があったの。私，高校時代の授業を思い出してピーンときたの。₁これは悪質商法の○○だって。もちろんすぐ断ったわ。はっきり「いりません」と。₂若い女性が，路上で「アンケートに答えてください」といわれてどこかのお店に連れて行かれて，契約させられる商法もあったよね。₃商法ではないけれど，最近，おもに高齢者がだまされ高額なお金を取られる事件が多発しているよね。

B：悪質商法といえば，先輩に誘われてイベント会場に行ったら，「あなたがとても得する簡単なアルバイトを紹介します。」と言われ，聞いてみると，「友達を連れてきて契約させ，会員を増やすだけで，商品も安く手に入れられ，おまけに次々と入ってくれる会員の方から何もしないでも手数料が入ってきます」という話だった。うますぎると思わないかい？　第一，会員になってくれる人がそんなにいるかな？

A：₄それは○○よ，気をつけなくちゃ。契約なんかしなかったよね。

B：もちろん。簡単にお金が入る仕事なんて世の中にあるはずがないから。

A：₅ある日，注文もしていない商品が届くネガティブ・オプションなんていうのは，消費者が知識をもっていれば100％被害を未然に防げる商法だよね。

1 下線部1～5にあてはまるものを下から選んで記号で答えなさい。
　①電話勧誘販売　　②悪質家庭訪問販売　　③振り込め詐欺　　④マルチ商法　　⑤紹介販売
　⑥アポイントメントセールス　　　⑦キャッチセールス　　　　⑧送りつけ商法

1	2	3	4	5

2 下線部2の商法について答えなさい。
　この商法でC子さん（30歳）が，35万円のダイヤのアクセサリーをクレジットで購入する契約をしました。家に帰ってからよく考え，すぐその日のうちにクーリング・オフしたいと思いました。

問い　クーリング・オフできますか，○×で答えなさい。またその理由を答えなさい。

答え	理由

3 クーリング・オフは，どのような方法で相手の会社に伝えたらよいか，まとめてみよう。

4 空欄に適当な語句を答えなさい。
　下線部4の会員となり，友人を勧誘できず，しかも商品をクレジットで買っていた場合には，その商品の代金が（　1　）として残る。強引に勧誘しようとして友人関係が（　2　）し，自分自身は，（　3　）であると同時に（　4　）という立場になる。

1	2	3	4

まとめてみよう！ ―ワークシート例―

33 給与明細から見えてくるもの　指導の手引き

領　域	経済生活（経済計画，家計管理，自立）
目　的	自立の一歩として，給与明細から手当や社会保険料・税について理解を深めさせる。

【準　備】
1. 電卓を持参させる。
2. 日本には，お金の話は子どもにしない風潮があるが，親に聞ける場合には，給与にはどんな手当があり，納める税金や社会保険料について話を聞いてこさせるとよい。
3. ワークシート

【方　法】
1. ワークシートを配って用語の説明をし，理解させる。
2. ①支給額合計，②控除額合計，③差引支給額，④可処分所得を計算させる。
3. 設問3・4を考えさせる。

【解説】
1. 用語の説明
- 控除額：給与から差引される金額。
- 扶養手当：扶養する家族を持っている人に支払われる給与。
- 社会保険料：健康保険料は医療費の一部負担を目的とした社会保険。
　　　　　　厚生年金保険は老後の生活費の一部負担を目的とした社会保険。
　　　　　　雇用保険は失業給付のほか雇用改善，能力開発事業に使われる。
　　　　　　介護保険は要介護者に必要な費用の一部負担を目的とした保険。40歳以上から徴収。
- 所得税：個人の所得（収入）に応じて課せられる税のこと。
- 住民税：所得に関わる地方税のこと。都道府県民税・市町村民税がある。
- 差引支給額：給与総額から税や社会保険料・組合費，社内貯蓄などを差し引いて実際に手にできる金額。
- 可処分所得：給与総額から税や社会保険料を差し引いたもの（実収入－非消費支出）。
*手当とは労働者に基本給以外に支払われる賃金のことである。勤務する会社によって支給される手当は異なる。基本給はボーナスや退職金計算の基本となるため，基本給は抑えたままで，手当として支給するのが企業側の手法である。非消費支出とは公的保険料や税金のこと。

2. 解答　①支給額合計　295,300円　②控除額合計　52,820円
　　　　③差引支給額　242,480円　④可処分所得　255,480円

3. 扶養手当は独身で扶養する家族がいない，役職手当は役職（主任職や管理職など）に就いていないから支給されない。介護保険料は40歳に達していないから支払いの義務はない。

4. 税は，国民全員の共通の願いである安全で快適な生活を守るために国家の機能をつくり，維持するために必要。税がなければ，社会資本もつくられない，お金のある人だけが警察や救急車，消防車を使える国であっては困るから。
社会保険は，社会保障の一つである。国民に強制的に加入させることによって，疾病，失業，労働災害，介護などのリスクや高齢期の生活に備えて，社会制度として国民の生活の不安に対応する相互扶助の仕組みとして必要である。

【資　料】
● 1年を通じて勤務した給与所得者（正規，非正規を含む）の平均給与（平均給料と賞与を合わせたもの）は，2013（平成25）年度414万円（男性511万円，女性272万円）である。分布割合が最も多いのは，男性で300万円超～400万円以下，女性で100万円超～200万円以下である。（国税庁「平成25年度民間給与実態統計調査」）

給与明細から見えてくるもの

【給与明細例（27歳・扶養家族なし）】

社員番号	部課コード	氏名
987654	営業部3課	愛知 太郎

支給額（円）		控除額（円）	
基本給	240,300	健康保険料	5,904
扶養手当	0	厚生年金保険料	12,564
役職手当	0	雇用保険料	929
住宅手当	20,000	介護保険料	0
時間外手当	5,000	所得税	12,423
出張手当	10,000	住民税	8,000
皆勤手当	5,000	組合費	3,000
通勤手当	15,000	社内貯蓄	10,000
減額金	0		
支給額合計	①	控除額合計	②
差引支給額	③		

※可処分所得　（④　　　　　　）

☐：非消費支出

1 用語の説明

支給額	支払われる金額
控除額	
基本給	基本となる給料でボーナス，退職金などもこの金額を基準に計算される
扶養手当	
役職手当	課長，部長等役職に応じて支払われる給与
住宅手当	家賃補助として支払われる給与
減額金	欠勤，遅刻，早退に応じて減額されるときなどの項目
社会保険料	
所得税	
住民税	
組合費	共済会や労働組合にかかる費用
差引支給額	
可処分所得	

2 給与明細の①②③と可処分所得④を計算しなさい。

3 扶養手当，役職手当，介護保険料が0円なのはなぜか，理由を考えよう。

4 税や社会保険の必要な理由を考えて，まとめてみよう。

まとめてみよう！ ―ワークシート例―

34 高校入学時の年間教育費を試算してみよう　指導の手引き

領　域	経済生活（家計，自立）
目　的	現在の自分にかかっている教育費に目を向けさせ，家計への理解を深めさせる。

【準　備】
1. 自分の教育に関わる費用をわかる限り調べさせておく（項目を挙げておくこと）。
2. 電卓を持参させる。
3. ワークシート

【方　法】
1. 書式に従って，計算させる。例えば，入学金・制服など一回限りのものは年間の欄に記入させる。携帯電話料金や小遣いなどは1か月当たり，授業料などは，どちらでもわかりやすい方に記入させる。
2. 最後に年間で計算させ，消費支出に対する割合を出させる。教育関係費が40歳代の家計に重くのしかかっていることを理解させる。計算上は自分一人だが，きょうだいのいる場合には人数倍になることを指摘する。大学受験に関わる費用も知らせるとよい。本来，携帯電話料金や小遣いは教育費に含まれないが，使い過ぎを実感させるためにその他に入れた。
3. 計算シートの数値は，総務省統計局家計調査，2014（平成26）年平均，二人以上の世帯，1世帯当たり1か月間の支出。
4. 計算シートの項目は各校に合わせて作成するとよい。

【資　料】
●日本政策金融公庫「教育費負担の実態調査」（平成25年度）によれば，子ども二人世帯の年収に占める教育費負担は40％に到達と発表された。そのポイントは以下の4つである。
　①高校から大学までに必要な費用は，子ども一人当たり1,000万円を超える状態が続いている。
　②世帯年収は平均552.6万円となり，前年より減少，世帯年収に占める在学費用の割合（子ども二人世帯）は，平均40％となり，過去7年で最高となった。
　③年収階層別にみると，年収が低い世帯ほど負担は重くなっており，「200万円以上400万円未満」の層では平均58.2％と，年収の6割近くを占めている。
　④教育費の捻出方法は「奨学金を受けている（59.9％）」が，食費等の「生活必需品の節約（56.3％）」を超えて最多となっている。
●教育関係費には入学費用と在学費用がある。在学費用のうち学校教育費は授業料，学用品代，家庭教育費は学習塾や，けいこごとにかかる費用，参考書・問題集の購入などが入る。
●教育関係費については，以下のものを参考にするとよい。
　＊文部科学省「子どもの学習費調査」では，幼稚園から高校までの費用や学習塾にかけている費用はいくらかなどがわかる。
　＊文部科学省「私立大学入学者に係る初年度学生納付金平均額」では，大学受験から入学にかかる費用がわかる。
　＊その他，総務省統計「家計調査」，日本政策金融公庫「教育費負担の実態調査」などが参考になる。

【生徒の感想例】
・自分のために親はこんなにお金をだしてくれたなんてびっくりした。
・塾で適当にやっていた。もっとまじめに勉強しようと思った。
・こんなにお金をかけて，塾はムダだと思った。やめようと思う。
・早く働いて，親に恩返しがしたいと思った。
・こんなに使って，家計はやっていけるのだろうか？
・自分一人でこれだけかかる。三人分になると悲惨だ。
・親に感謝しなければ。
・大学は必ず国公立にしよう。

| | | 年 | 組 | 番 |

□ 高校入学時の年間教育費を試算してみよう

単位：円	1か月当たり	年間
消費支出（2014年，二人以上の世帯）	291194	3494328
自分の教育費（消費支出の　　　　％）		

＜高校時代に必要な費用＞

	項目名	1か月当たり	年間
学校教育費	授業料		
	修学旅行・遠足・見学費		
	生徒会費		
	PTA会費		
	その他の学年納付金（入学金・学年費・施設設備費など）		
	教科書代（必須図書費）		
	学用品（文具・体育用品・楽器など）		
	教科外活動費（部活動など）		
	通学交通費		
	制服（学校が指定した制服一式）		
	通学用品（カバンなど）		
	その他（学校の徽章・バッチ・上履きなど）		
	小計①		
学校外活動費	学習塾費（教材・授業料・交通費などすべて）		
	家庭教師費（家庭教師への謝礼・通信添削代など）		
	家庭内学習図書費（参考書・パソコン・CDデッキなど）		
	芸術文化活動費（ピアノ・舞踊・絵画の月謝など）		
	スポーツ・レクリエーション活動費（水泳・サッカー・テニスなど）		
	教養その他（習字・そろばん・外国語会話学習費など）		
	小計②		
その他	小遣い		
	携帯電話料金		
	留学・ホームステイ費用		
	小計③		
	合計（小計①+②+③）		

【感想・気づいたこと】

まとめてみよう！ ―ワークシート例―

35 メモリーノートに書くことは？　指導の手引き

領　域	青年期・高齢者（人生をみつめる）
目　的	豊かな人生を自分自身で選ぶために，自分を見つめ直し，生きかたを考えさせる。

【準　備】
1．事前にプロフィールに書き込む項目を知らせ，確認させておく。書き出したいことを考えさせておくのもよい。
2．ワークシート

【方　法】
　ワークシートを配布し，書けるところから書かせる。ただし，自分を見つめる良いきっかけとさせるため，プロフィールは必ず全部書かせる。「長所はなかなか見つけにくいが，短所が見つかればそれを長所に置き換えてみる」と助言する。たとえば「あわて者」＝「決断が早い」，「付和雷同」＝「誰とでも仲良くなれる」，「煮え切らない」＝「慎重である」など。

【項目例】
　高齢になればなるほど書き込む項目が多くなり，下記のようなことも必要となってくる。しかも決定しておかねばならないことも多いことを教えておく。「エンディングノート」などいろいろなものが販売されている。比べてみるのもおもしろい。また，祖父母に聞いてみるのもよい。

☆重病になったときの告知は，いる・いらない？　そのときどのように過ごしたいか？
☆延命措置と尊厳死ついて
☆誰に介護してほしいか？
☆どこで介護を受けたいか？
☆診察券や保険証，介護保険証などについて
☆財産管理と預貯金・株式などについて
☆保有する不動産・動産
☆借入金と貸付金について
☆借金の保証について
☆加入している私的保険について
☆公的年金・個人年金について
☆遺言・遺産分割について
☆形見分け・寄付について
☆葬儀について（家族葬・一般的な通夜・葬儀，式次第について）
☆墓・納骨の場所
☆墓・仏壇の引き継ぎ者は？
☆ペットについて

【資　料】
延命措置と尊厳死について
　病院などで命に関わる緊急治療を受ける際には，延命措置について，どうするかという選択を必ず迫られる。一番大きな延命措置は人工呼吸器である。一度つければ外すことは難しい。健康状態に戻れるなら延命措置は誰でも望むところであるが，回復の見込みがないにも関わらず，呼吸をしているだけの状態でこの措置を続けるのか，無用の治療は必要がないとするか，見守る家族は究極の選択を短時間で決定しなければならない。
　自分が生きているうちにその意思を伝えておくことをリビングウイルと言う。延命措置はいらない旨をリビングウイルとして日本尊厳死協会に登録できるシステムもある。

	年	組	番

☐ メモリーノートに書くことは？

作成日　　年　　月　　日

　あなたの生きかたに関わる大切な事項や思いを自分で確認するためや家族や友人に伝えるために書き留めてみよう。

　たとえば，持病があり，毎日薬を飲んでいた場合，その薬名やかかりつけの医療機関，薬局，アレルギーの有無，血液型などの情報は，突然の事故などにあったりしたときには必須になってくる。

1 プロフィール

　　☆名前＿＿＿＿＿＿＿＿＿＿＿　☆性別（　F・M　）

　　☆生年月日　　年　　月　　日生まれ　☆干支＿＿＿＿＿＿＿　☆星座＿＿＿＿＿＿

　　☆出生地＿＿＿＿＿＿＿＿＿＿＿＿＿

　　☆趣味・モットー

　　＿＿＿＿＿＿＿＿＿＿＿＿＿＿＿＿＿＿＿＿＿＿＿＿＿＿＿＿＿＿＿＿＿＿＿＿＿

　　☆性格（長所・短所）

　　＿＿＿＿＿＿＿＿＿＿＿＿＿＿＿＿＿＿＿＿＿＿＿＿＿＿＿＿＿＿＿＿＿＿＿＿＿

　　☆特技＿＿＿＿＿＿＿＿＿＿＿＿＿＿＿＿＿＿＿＿＿＿＿＿＿＿＿＿＿＿＿＿＿＿

2 病気や事故にあったときのために

　　☆血液型　RH　＋　－　　　型　☆アレルギーの有無＿＿＿＿＿＿＿＿＿＿＿＿

　　☆持病と飲んでいる薬＿＿＿＿＿＿＿＿＿＿＿＿＿＿＿＿＿＿＿＿＿＿＿＿＿＿＿

　　☆かかりつけ医院＿＿＿＿＿＿＿＿＿＿＿＿＿＿＿＿＿＿＿＿＿＿＿＿＿＿＿＿＿

3 臓器提供について

　　☆　希望する　　希望しない

　　☆ドナーカードを持っている＿＿＿＿＿＿＿＿＿　保管場所＿＿＿＿＿＿＿＿＿

4 大切な人へのメッセージ

　　○＿＿＿＿＿＿＿＿＿さんへ＿＿＿＿＿＿＿＿＿＿＿＿＿＿＿＿＿＿＿＿＿＿＿

　　○＿＿＿＿＿＿＿＿＿さんへ＿＿＿＿＿＿＿＿＿＿＿＿＿＿＿＿＿＿＿＿＿＿＿

　　○＿＿＿＿＿＿＿＿＿さんへ＿＿＿＿＿＿＿＿＿＿＿＿＿＿＿＿＿＿＿＿＿＿＿

5 そのほか必要と思うことを書き出してみよう（例：小さいころのこと，家族との思い出）

まとめてみよう！ ―ワークシート例―

36 ベーシックマナー　指導の手引き

領　域	青年期の課題（社会的自立）
目　的	社会にはさまざまなマナーがある。知っておきたい日常のマナーを学ばせる。

【準　備】
1．のし袋（さまざまなもの）　2．ワークシート

【方　法】
●ワークシートの設問1，2，3の順に，解説を加えながら取り組ませる。

【解答】
設問1．①：B
〈水引の意味〉
A－蝶結び：出産，入学など何度でも祝いたいとき
B－結び切り：結婚，葬儀など二度とないことを祈る意味

②返事
「御」や「行」のように一字だけ消すときは，斜めの二本線で消す。

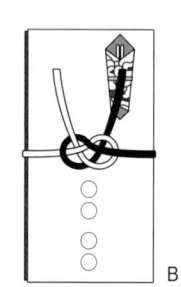

【出席の場合】　【欠席の場合】

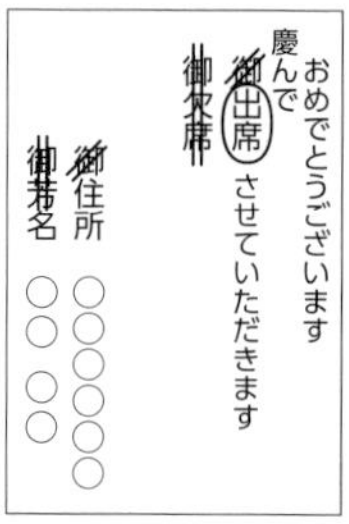

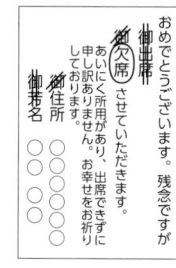

設問2
① 御霊前

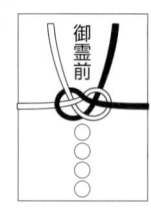

②上書きは仏式，神式，キリスト教式によって異なるが，すべての宗教に使えるのは「御霊前」である（ただし，はすの絵が描かれた袋は仏式のみである）。
③墨は「薄（うす）」墨を使う。
理由「悲しくて，墨の中に涙が落ち薄くなった。あわてていて，墨をすっている時間がなかった」

④その他，気をつけること

- 基本的にはアクセサリーは避けるが，真珠は涙にたとえられ，身につけることができる。
  しかし真珠でも，二連のネックレスなどのように，重ねることは避ける。
- 靴や鞄は光沢のないものを選び，ゴールドなどの飾りのついたものは避ける。
- 不祝儀の場合はできるだけきれいなお札を使用する。新札の場合は，一度折り目をつけてから包むとよい。
  （祝儀の場合は新札を使用する）

設問3．席次

●応接室：ソファ（4人座る）　　●和室：座卓 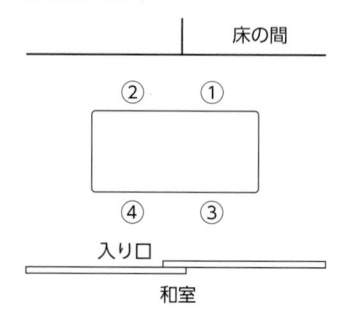　　●タクシー

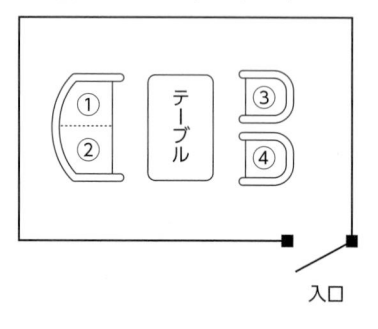

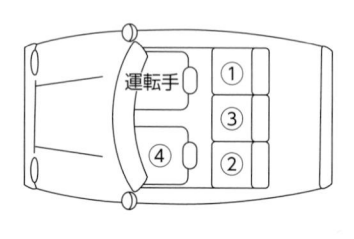

□ ベーシックマナー

1 結婚式に招待された… 出席の返事や祝儀袋(しゅうぎぶくろ)はどうすればよいか，考えてみよう。
　①祝儀袋はA，Bのどちらを用いたらよいだろう。
　②「出席」の返事を書いてみよう。

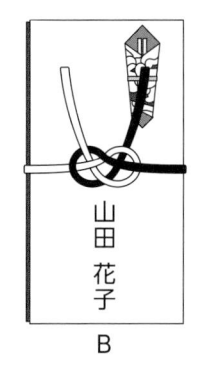

A　山田 花子

B　山田 花子

御出席　御欠席　御住所　御芳名

〒123-4567
○○市○○町四の二十五
安城 花子 行
切手

2 葬儀に参列することになった… 香典袋(こうでんぶくろ)と上書きはどうしたよいか，考えてみよう。
　①上書きを書いてみよう。

　②上書きは仏式，神式，キリスト教式によって異なるが，すべての宗教に使えるのは「　　　　　」である。
　③墨は「　　　　　」墨を使う。
　　理由「　　　　　　　　　　　　　　　　　」
　④その他，気をつけることで知っていることがあれば書き出してみよう。

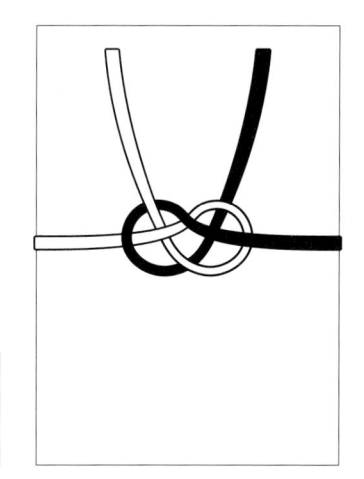

3 上座(かみざ)と下座(しもざ)など，基本的な席次は覚えておきたい。ソファの位置について，上座から順に①〜④の番号を入れなさい。

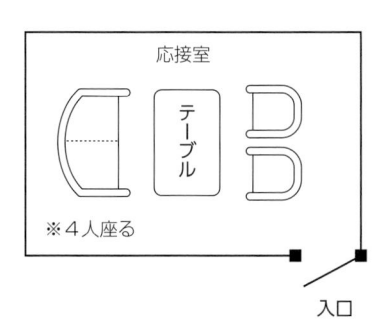

応接室
※4人座る
テーブル
入口

【感想・気づいたこと】

演じて理解しよう ―ロールプレイ例―

37 性別役割分業意識　指導の手引き

領　域	家族（性別役割分業意識），子ども（子育て）
目　的	自分が将来結婚した場合，夫婦でどのように家事労働を分担するか，子どもが生まれたら仕事はどうするのかなど，中・高校生の時期に考えることや他人の意見を知ることは，固定的な役割分担にとらわれない視点を育てる。何気ない日常会話やロールプレイから，自分や他人の考えなどに気づかせる。

＊関連テーマ　・結婚　・子どもを産む　・親の介護　・離婚　・男女の労働力率（女性のM字型就労）

【準　備】
●ワークシート

【方　法】
1．グループ分けをする（できれば男女同じぐらいの人数割合に）。
2．設問1の①②の会話を完成させる（時間の都合で②をカットしてもよい）。
3．グループで意見をまとめ，一つの会話文を脚本にする。
4．役割を決めて感情を込めて演じさせる（座席についたままでよい）。
5．グループの代表を決め，発表させる。
6．他のグループの発表から，自分の班との共通点や問題点をあげさせる。
7．まとめをさせる。

【留意点】
- 教師が時間配分をすること（生徒に任せておくと盛り上がり，途中で終わることになる）。
- いろいろな考えがあって当然で，答えがないことや自分の中にある意識を知ることの大切さを十分説明すること。

【資　料】
●男女共同参画社会基本法では，性別による固定的な役割分担にとらわれず，一人一人が個性と能力を発揮できるような社会づくりをめざすと定めている。
●「男女雇用機会均等法」制定から30年経た現在でさえ，男女格差は依然として続いている。男性の長時間労働を改善しないまま施行されたこの「均等法」は，女性の時間外労働規制を外すという形で「女性が男性並みに働くこと」を推進してしまった一面がある。結果，ほんの一部の正規雇用に就けた女性は「結婚・出産」を見送る状況に追いやられたり，大多数の非正規雇用の女性が，「家事・育児・介護」の責任を押しつけられることも招いている。また，先進国の中で日本の女性の賃金の低さは突出している。

●「子育てと仕事について」生徒の意見例
「仕事をやめて子育てをするのに賛成」
- 人間として最も基本的な形だと思う
- 私は，仕事をしたくない
- 女性が子育てをするべき
- 自分の家がそうだから
- 自分は家庭の仕事をしたい
- 専業主婦をめざしている
- 現実には男性の給料が高いので女性が家庭に入る方がよい
- 男は仕事で遅くまで働くので子育ては無理

「仕事をやめて子育てをするのに反対」
- 女だって働きたい人はいる
- 女が家庭に入って子育てをする考えは古い
- 夫に主夫になって欲しい
- それぞれの家庭にあった方法をさがせばよい
- 女性も働く時代，協力してやるべき
- 個人の自由
- 収入の多い方が働けばよい
- 男性も主夫になりたい人がいる
- 社会の仕組みが変わってほしい
- 養ってもらっているというのは弱者のようで嫌

＊本書p.106「無償労働報酬はいくらになる？」参照。

	年　　　組　　　番

☐ 性別役割分業意識

●結婚間近のA夫さんとB子さんは，結婚後の生活について話し合っている。
　①家事分担について
　②子育てと仕事について

1 グループになって，次の文に続いて会話文を自由に考えてみよう。
　①子育てと仕事について
　　A夫「子どもが生まれたら，仕事をやめて子育てをしてほしい」
　　B子「　　　　　　　　　　　　　　　　　　　　　　　　　　　　　　」
　　A夫「　　　　　　　　　　　　　　　　　　　　　　　　　　　　　　」
　　B子「　　　　　　　　　　　　　　　　　　　　　　　　　　　　　　」
　　A夫「　　　　　　　　　　　　　　　　　　　　　　　　　　　　　　」
　　B子「　　　　　　　　　　　　　　　　　　　　　　　　　　　　　　」
　　A夫「　　　　　　　　　　　　　　　　　　　　　　　　　　　　　　」
　　B子「　　　　　　　　　　　　　　　　　　　　　　　　　　　　　　」

　②家事分担
　　B子「お互い仕事をしているので，家事の分担はどうしよう」
　　A夫「　　　　　　　　　　　　　　　　　　　　　　　　　　　　　　」
　　B子「　　　　　　　　　　　　　　　　　　　　　　　　　　　　　　」
　　A夫「　　　　　　　　　　　　　　　　　　　　　　　　　　　　　　」
　　B子「　　　　　　　　　　　　　　　　　　　　　　　　　　　　　　」
　　A夫「　　　　　　　　　　　　　　　　　　　　　　　　　　　　　　」
　　B子「　　　　　　　　　　　　　　　　　　　　　　　　　　　　　　」
　　A夫「　　　　　　　　　　　　　　　　　　　　　　　　　　　　　　」

2 1で作った脚本の役割を決め，ロールプレイをしてみよう。
　　あなたの役　①：（　　　　　　　　）　②：（　　　　　　　　）

3 ロールプレイをしてみて，他の班との比較を含めて，感じたことをまとめてみよう。
　　自分は，性別役割分業意識が，（　強くある　・　普通　・　あまりない　）

【感想・気づいたこと】

演じて理解しよう　―ロールプレイ例―

38 性的自立　指導の手引き

領　域	青年期の課題（自立，ジェンダー・アイデンティティー）
目　的	獲得が難しく，重要でありながら見過ごされやすい性的自立に目を向けさせ，男女の望ましい性的関係とはどのようなものか，考えさせるきっかけとしたい。大勢で行うロールプレイと違って，一人でその役割を演じ，真剣に考えさせることをねらいとしている。

【準　備】
●ワークシート。非常にプライベートなことなので，記名は避け，学年，組，性別のみとする。

【方　法】
●授業は2回に分ける。1回目は，授業の趣旨を伝えることとロールプレイの書き込み。2回目は，1回目の結果を教師がまとめて，性的自立の大切さを伝える（本書p.50「デートDVについて考える」参照）。

【留意点】
1．このロールプレイを始める前に，なぜこのような学習が必要なのか，以下のことを確認する。
①「好意をもった二人が，どういう関係をもつことが幸せにつながり，相手を大切にできるか，ともに生きることの基本を考えてみよう」という伏線がある。
②男女の性的関係は，日本では表立って語られることが少なく，情報としても真剣に伝えられていない状況にある。
- 高校生の性の情報源が，身近なハウツー本や漫画などに偏っていないか，性への思い込みや固定概念が強いのではないか，などを危惧しておこなう授業であること，
- この学習を性について真剣に考えるきっかけにしてほしいこと，
- 一人で静かに真面目に考えてほしいこと，などを伝える。

2．授業する側の心構え
①女子生徒の中には，無理やり性行為をもたされた「被害者」が存在し，嫌な思いを再現させてしまうことでセカンドレイプにつながってしまう恐れがあることに留意する。
②男子生徒の中には，世の中の「男の常識」が，そのまま正しいと思い込んでいる場合や，加害者扱いをし過ぎて反発を招く恐れがあることに留意する。実際，現在でも女性が「イヤ！」というのは挨拶のようなもので，本当は「イエス」のことだ，すぐ「イエス」というと恥ずかしいから「イヤ」というのだ，という理論がまことしやかにテレビなどでも報道されている。
③「正しい，正しくない」を求めるのではなく，「性的自立」についてしっかり考えさせること。その基本は，「まず，相手の気持ちを尊重すること」，「明確な同意のない性行為は暴力であること」，「自分がされたら嫌なことは相手にもしないこと」の基本を男女ともに理解させることが大切である。

3．被害者にも加害者にもならない性的自立とは
●自分と相手の性のしくみ・働き・心などについて，よく理解すること。
望まない妊娠や性感染症などのトラブルに巻き込まれたり，相手を巻き込んだりしない行動がとれるようになること。
●相手の気持ちをよくくみ取り，相手の自己決定を尊重するよう，自らの性行動をコントロールする力をもつこと。
●性の権利宣言（世界の潮流）について教えるのもよい。

参考文献
池上千寿子『性について語ろう』岩波書店，2013年
池上千寿子『思い込みの性，リスキーなセックス（若者の気分）』岩波書店，2011年
井上輝子『新・女性学への招待』有斐閣，2011年

【資料　異性から無理やりに性交された経験がある者の加害者との面識の有無（2011年，女性のみ）】

面識あり（計）

まったく知らない人	顔見知り程度の人	よく知っている人	無回答	面識あり（計）
17.2	14.9	61.9	6.0	(76.9)

（内閣府「男女間における暴力に関する調査報告」）

	年　　　　　組
	（　男　　女　）

☐　**性的自立**

1 次のQ＆Aの文章を読んで，このアンサーに納得できるか，できないか，その理由をまとめてみよう。

Q：僕には好きな女性がいます。キスまではしているけど…。
　　先日，僕の部屋に彼女が来たとき，僕は迫り，ベッドに押し倒しました。
　　そしたら彼女は「イヤ！　やめて！」と言って逃げて帰ってしまいました。
　　好きだと思っていたのにショックです。彼女は僕のことを嫌いなんでしょうか？
A：君はバカだな。なんてバカなのだ！　君の部屋まで来た女が「イヤ」と言ったからと言ってそれを本気にするなんて。女は恥ずかしいから一応「イヤ！　やめて！」と言うのだ。強引に進めばよかったのだ。男性がもっと積極的になってくれれば，と思っているよ，きっと。

どちらかに○	納得できる　　納得できない
理由：	

2 アンサーのように，もしも男性が性行為を強要していたとした場合，それについてあなたはどう思う？
　　①〜③より一つ選んで，理由を書いてみよう。
　　①当然の行為である
　　②それは性暴力（レイプ）である
　　③その他（　　　　　　　　　　　　　　　　　　　　　　　　　　　　　　　　　　）

理由：

3 あなたの性についての情報源は何だろうか？　できるだけたくさん書き出してみよう。
　　（例）雑誌「○○○」，漫画「△△△」，友人…

＊次回の授業では今日の意見結果から，「性的自立」とは何か考えてみます。
　あなたも考えておきましょう。

演じて理解しよう ―ロールプレイ例―

39　出生前診断　指導の手引き

領　域	子ども（命の選択，子育て），家族
目　的	科学の進歩とともに，胎児の異常が，簡単な方法で，しかも高い精度で調べられるようになった。その結果，異常が確定した大部分の夫婦が中絶を選択している現実が報告され，「命の選別」になるとの指摘がある。検査をする・しないではなく，なぜこの検査をしたいのか，あるいはしたくないのかであり，「陽性」の結果をどう受け止めるかをパートナーと十分に話し合うことの大切さを確認させる。

【準　備】
●ワークシート

【方　法】
1. 「出生前診断」の説明
　　出生前診断には，当たり前に行われる超音波検査のほかに，羊水検査，母体血清マーカー検査，絨毛検査などがある。最近では，妊婦の血液に含まれるDNA断片を分析して，胎児に染色体異常があるかどうかを高い精度で調べる「新型出生前診断」が行われるようになった。ダウン症や心臓疾患などが対象で，「陽性」の場合は診断を確定させるために，さらに羊水検査が必要である。
2. 教師は，現実だけを説明し，教師の個人的な意見やその善し悪しに誘導するような言動は避ける。
　　診断を受けることは，あくまでも個人の選択であり，その人自身の問題であることを確認する。
3. 設問1～4に回答させる。

【資　料】
●人工妊娠中絶の法的構成
- 堕胎罪：胎児を自然の分べん期に先立ち，人為的に母体外に排出し，またはこれを母体内で殺害する罪。
　　　　　　刑法212～216条
- 母体保護法
　　2条②　この法律で人工妊娠中絶とは，胎児が，母体外において，生命を保続することのできない時期に，人工的に，胎児及びその附属物を母体外に排出することをいう。
　　14条では，指定医は，次のいずれかに該当する者に対して，本人及び配偶者の同意を得て人工妊娠中絶を行うことができるとされている。
　　　1）妊娠の継続又は分娩が身体的又は経済的理由により母体の健康を著しく害するおそれのあるもの
　　　2）暴行若しくは脅迫によつて又は抵抗若しくは拒絶することができない間に姦淫されて妊娠したもの
＊1994（平成8）年9月25日厚生省発児第122号厚生事務次官通知「母体保護法の施行について」
　「法第2条第2項の『胎児が，母体外において，生命を保続することのできない時期』の基準は通常妊娠第22週未満であること。」

●単一の遺伝子異常により，家系で受け継がれる病気もあるが，ダウン症候群は突然変異によって染色体の数および構造上にあらわれる異常で，親からの遺伝ではない。
●卵子を育てる原始卵胞は出生時約200万個ある。思春期には20～30万個になる。年齢が上昇するに従って，数が減少するだけでなく少しずつ機能も弱まるため，妊娠率も下がる。そのため，新型出生前診断が行われるようになった。
●日本医学会の認定を受けて新型出生前診断を実施している医療機関によれば，診断を受けた人の9割以上が高齢妊娠であった。さらに「陽性」と判定され，異常が確定した妊婦のうち，97％が人工妊娠中絶を選択したと報告された。

参考文献：岩元綾『生まれてこないほうがいい命なんてない―「出生前診断」によせて』かもがわ出版，2014年
　　　　　NHK取材班『産みたいのに産めない　卵子老化の衝撃』文藝春秋，2013年
　　　　　河合蘭『卵子老化の真実』文藝春秋，2013年

	年　　　組　　　番

☐ 出生前診断

●妊娠を知ったA夫さんとB子さんは，生まれてくる子どもの誕生を喜んだ。しかし，医師に説明された「出生前診断」を受けるべきか受けないべきか迷っている。あなたならどうするだろうか。

＊「出生前診断」とは

1　私は，「出生前診断」を　A［　受ける　］　　B［　受けない　］　（いずれかを○で囲む）

理由：

2　私は（A・B）のグループ　私が思うメリット・デメリットをまとめてみよう。

メリット：

デメリット：

3　A，Bグループの代表者を決め，まとめたグループの意見をもとに，それぞれ演じてみよう。

4　3を聞いてあなたの考えは？　（いずれかを○で囲む）
　　変わらない　・　変わった　・　迷っている　・　その他（　　　　　　　　　）

理由：

【感想・気づいたこと】

87

演じて理解しよう ーロールプレイ例ー

ロールプレイに関する資料

図 「夫は外で働き,妻は家庭を守るべきである」といった考えかたについて(男女別)

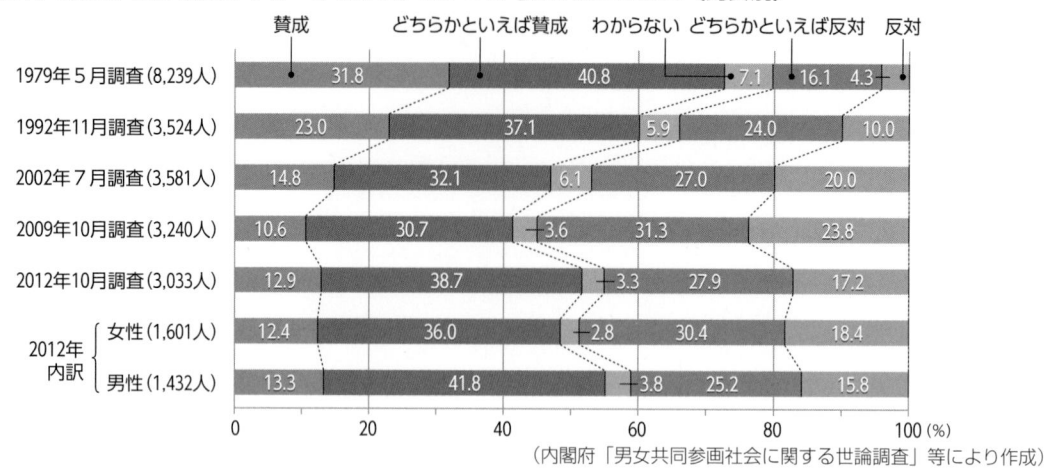

凡例:賛成 / どちらかといえば賛成 / わからない / どちらかといえば反対 / 反対

調査	賛成	どちらかといえば賛成	わからない	どちらかといえば反対	反対
1979年5月調査(8,239人)	31.8	40.8	7.1	16.1	4.3
1992年11月調査(3,524人)	23.0	37.1	5.9	24.0	10.0
2002年7月調査(3,581人)	14.8	32.1	6.1	27.0	20.0
2009年10月調査(3,240人)	10.6	30.7	3.6	31.3	23.8
2012年10月調査(3,033人)	12.9	38.7	3.3	27.9	17.2
2012年内訳 女性(1,601人)	12.4	36.0	2.8	30.4	18.4
2012年内訳 男性(1,432人)	13.3	41.8	3.8	25.2	15.8

(内閣府「男女共同参画社会に関する世論調査」等により作成)

図 交際相手からの被害経験(性・年齢別)

● 10歳代,20歳代に「身体的暴行」「心理的攻撃」「性的強要」の「いずれかの行為を1つでも受けたことがある」

〈女性〉 あった(計) / なかった / 無回答

n(人)	あった(計)	なかった	無回答
20代(88)	13.6	83.0	3.4
30代(200)	17.7	79.0	3.3
40代(249)	9.9	87.6	2.5
50代(174)	5.7	91.4	2.9
60代以上(193)	2.8	92.4	4.8

〈男性〉 あった(計) / なかった / 無回答

n(人)	あった(計)	なかった	無回答
20代(90)	5.2	94.1	0.7
30代(183)	8.9	88.3	2.7
40代(233)	4.4	92.8	2.7
50代(188)	3.0	96.1	0.9
60代以上(249)	1.6	94.8	3.6

(内閣府男女共同参画局,2014年)

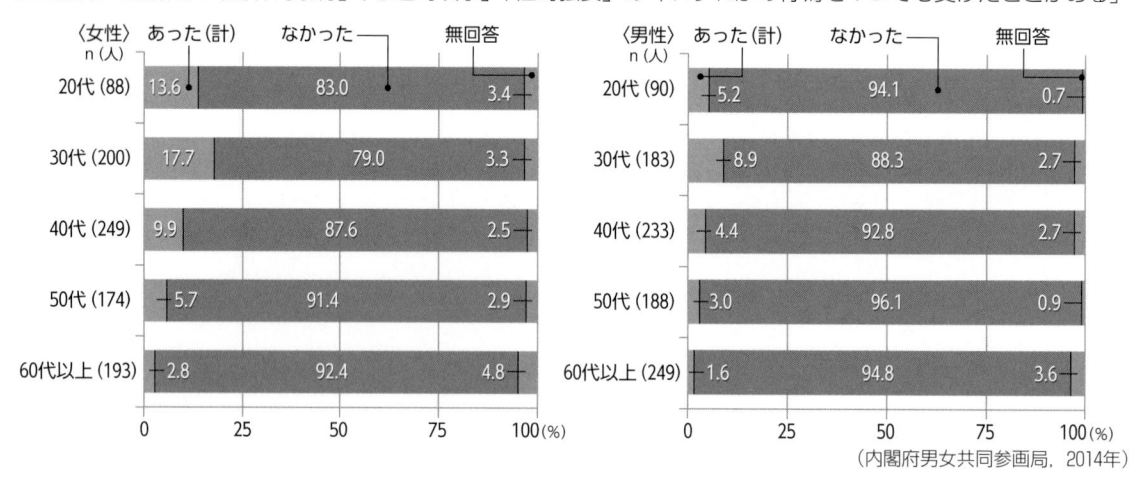

図 女性の年齢別にみた不妊率

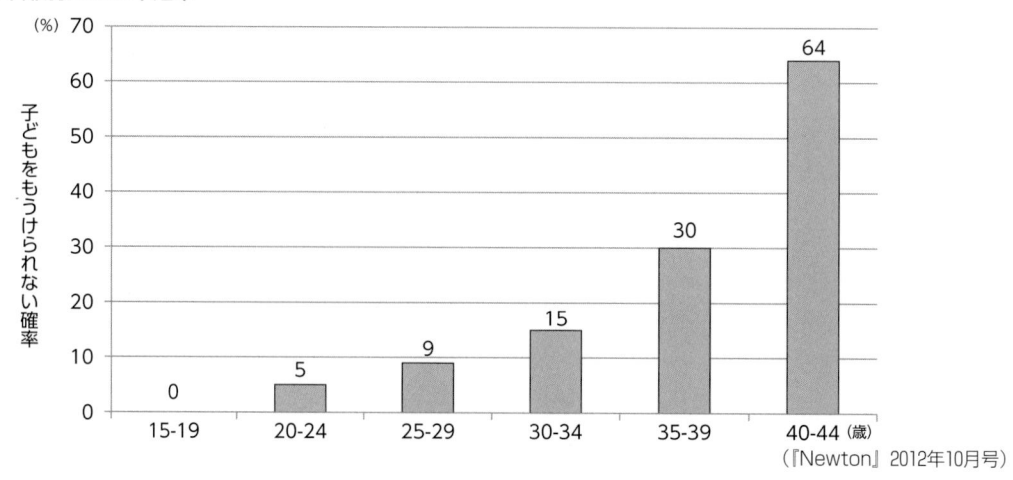

子どもをもうけられない確率(%)

年齢	%
15-19	0
20-24	5
25-29	9
30-34	15
35-39	30
40-44	64

(『Newton』2012年10月号)

参考文献:乙部由子『ライフコースからみた女性学・男性学』ミネルヴァ書房,2013年

II
授業でいかす資料編

これ知ってる？
──豆知識・コラム──
90

いくらになるかな？
──生活データ集──
106

歴史を振り返ろう！
──年表例──
112

実践を盛り込んだ授業案
122

これ知ってる？ ― 豆知識・コラム ―

40　ことわざはいろいろなことを教えてくれます
●ことわざから子育ての指針，親子関係，夫婦関係のありようが見えてきます

子育て関連

<一姫二太郎>　子をもつには，最初は育てやすい女の子，次は男の子がよい

<いつまでもあると思うな親と金>　親は時が過ぎれば世を去り，お金も使えば必ずなくなる

<親が親なら子も子>　親がだめなら，その子もまた似たようにだめだということ。親子を非難する言葉

<親の背を見て子は育つ>　子どもは，親のやっていることを見て，それを自分の常識にする

<親はなくとも子は育つ>　たとえ親がいなくても子どもはちゃんと育つ

<可愛い子には旅をさせよ>　子どもがかわいいなら甘やかさず，世の中の現実を体験させた方がよい

<子は親を映す鏡>　子どものふるまいを見れば，その親がどんな親であるかわかる

<すずめ百まで踊り忘れず>　幼いときに身につけた習慣はいくつになっても直らない

<総領の甚六>　最初の子は大事に育てられるので，弟や妹に比べおっとりして世間知らずな者が多い

<泣く子は育つ>　大きな声で泣く子は元気で，丈夫に育つ

<三つ子の魂百まで>　幼いときに形成された性格は老年期になっても変わらない

親子関係

<氏より育ち>　人間形成には家柄よりも教育や環境が大切である

<生みの親より育ての親>　自分を生んでくれた親よりも育ててくれた親の方が関係が深く，ありがたい

<老いては子に従え>　年をとったら我を張らず，子どものいうことを聞くのがよい

<親思う心にまさる親心>　子が親を思う気持ち以上に，親の子に対する慈愛の気持ちはさらに強いものだ

<親子の仲でも金銭は他人>　親子という親密な間柄でも，金銭問題は他人と同じ関係をとるべき

<親の脛をかじる>　子が自立できないで，経済的負担を親に頼る

<兄弟は他人の始まり>　血を分けた兄弟といえども，成長すれば他人のようによそよそしくなる

<孝行のしたい時分に親はなし>　親のありがたさがわかる年ごろには，親はこの世にはいない

<子を持って知る親の恩>　自分が親の立場になり，はじめて自分を育ててくれた親のありがたさがわかる

<血は水よりも濃い>　血縁者同士の絆は，どれほど深い他人との関係よりも深く強い

<遠い親戚より近くの他人>　いざというときは，遠く離れた親類より近くに住む他人の方が頼りになる

<我が子の悪事は見えぬ>　親は我が子可愛さのあまり，その子の間違いや欠点に気づかない

<親の心子知らず　子の心親知らず>　親が子を思う心情がわからないので，子は好き勝手に振る舞う。親は子どもが一生懸命に考え，努力していることを予想以上に理解することができない

夫婦関係

<姉女房は身代の薬>　夫より年上の妻は，家計のやりくりがうまく，財産を増やし，家のためによい

<一押し二金三男>　女性の愛を得るために必要なもの，一に押しの強さ，二に金，三が男前

<馬には乗ってみよ人には添うてみよ>　夫婦として連れ添ってみれば，相手の隠れていた長所が発見できる

<縁は異なもの味なもの>　男女の結びつきは不思議でおもしろい

<お前百までわしゃ九十九まで>　夫婦がともに仲良く長生きすること

<子は鎹（かすがい）>　子どもの存在は夫婦の仲を和やかに保ち，縁をつなぎとめてくれる

<夫婦喧嘩は犬も食わぬ>　夫婦げんかはすぐ仲直りするので，他人の仲裁は無用である

●領域：家族（子育て，親子関係，夫婦関係）
参考文献：『明鏡　ことわざ成句使い方辞典』大修館書店，2007年など

41 朝食を食べると成績は上がるの？

●朝食を毎日食べている生徒や学生は食べていない人より成績がよい！

　現在「朝食が学業成績に影響する」ことは，さまざまな研究結果から明らかになっています。このきっかけになったのが自治医科大学の香川靖雄教授が1978～79年に行った研究報告です。

　自治医大は，僻地医療，地域医療の充実を目的につくられた大学で，6年間全寮制です。医師国家試験に合格させるために成績と何が関係するか，考えられるさまざまな要素との関係を調べました。たとえば成績と出身地，身長や体重，栄養摂取量など…。しかし，どれからも明らかな相関を見いだすことができませんでした。ただ一つ朝食を摂る，摂らないが成績と大きく関連していました。

　その後，成績のよくない学生たちに，朝，直接起こして朝食を摂る指導をした結果，成績が上がり始めました。大学創設当時，第1回目の医師国家試験不合格者はたった1名でしたが，2年目には全員合格しました（合格率100％は自治医大だけ）。朝食指導はその後も続けられましたが，内部から「生活は本人の自由にさせるべき」という考えのもと，強制的な指導がなくなりました。すると全国80医大中ほぼ全国1位の国家試験合格率を誇っていたのが，1999年には一気に38位に落ちたのです。そこで大騒ぎになり，女子栄養大学の副学長になっていた香川靖雄教授に，自治医大の国家試験対策委員長の就任依頼がされました。再度，朝食指導が行われ，数年後の2003～2005年の3年間は，続けて合格率100％に戻すことができたのです。朝食と成績の関係が再度証明されたのです。

　この他にも多くの調査研究が行われ，同様な結果が報告されています。これらの結果を受け，文部科学省は「早寝・早起き・朝ごはん」の運動を始めました。最近では，文部科学省でも小・中学生を対象にした同様な調査結果が報告されています（図）。

図　朝食の摂取と学力調査の平均正答率との関係（中学生，2013年）
■ ①毎日食べている　■ ②どちらかといえば食べている
■ ③あまり食べていない　■ ④まったく食べていない

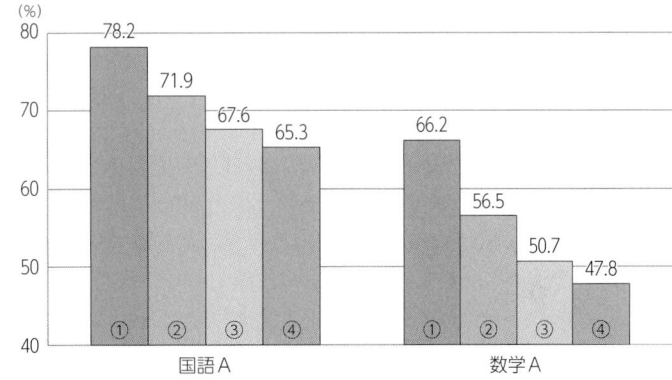

国語A：①78.2　②71.9　③67.6　④65.3
数学A：①66.2　②56.5　③50.7　④47.8

（文部科学省「平成26年度　全国学力・学習状況調査」）

【質問・コメント例】
生徒：「先生！　朝ご飯を食べれば成績が上がるの？　明日から食べよう…」
先生：「朝食を食べるには，起床時間が大切です。まず，規則正しい生活を心がけましょう。成績アップには，脳の活動とともに学習が基本です。努力しましょう」
　　　（→本書p.94「エネルギーの使われ方には順番があるの？」参照）

●領域：食生活（生体リズム，食習慣）
参考文献：香川靖雄『時計遺伝子ダイエット』集英社，2012年
　　　　　白鳥早奈英『知っておきたい栄養学』学研パブリッシング，2013年
参考資料：文部科学省「平成26年度　全国学力・学習状況調査」2014年

これ知ってる？　―豆知識・コラム―

42　食情報に踊らされていませんか？

◉これを一つ食べれば健康になれる食品もなければ，劇的に悪い食品もありません

　2013年，「これを飲むだけでたちまちやせてしまう」というキャッチコピーをつけたある健康食品が，ダイエット効果の根拠がわからないという理由から，「不当景品類及び不当表示防止法（景品表示法）」第6条の規定に基づく誇大広告という理由で，消費者庁から措置命令を受けました。2007年にテレビ番組で「納豆がダイエットに効く」という情報が流れたときは，それがねつ造報道だとわかるまで，スーパーから納豆が消えました。それは2008年のバナナダイエットが流行ったときも同様でした。

　メディアから流される「あのサプリメントがこの病気に効く」「この健康補助食品を食べれば元気になる」「やせられる」などの情報は，枚挙にいとまがないほどです。私たちはあふれる情報の中から，「どうやったら正しい知識を得ることができるのか」を学ばなければならないことがよくわかります。今「植物性の食品は動物性の食品より体によい」と信じているあなた，大丈夫ですか？

　群馬大学の高橋久仁子さん（栄養学）は，「食べ物や栄養が健康や病気に与える影響を過大に評価し，信奉すること」を「フードファディズム」としています。高橋さんによれば「フードファディズム」は，次の三つのタイプに分類されるそうです。

①健康への好影響をうたう食品の爆発的な流行
　「それ」さえ食べれば（飲めば）万病解決，あるいは，短時間でやせられる，と吹聴する食品が流行すること

②食品・食品成分の"薬効"強調
　食品そのものや食品中に含まれる，特定成分の"薬効"を強調して，その摂取を勧めること

③食品に対する期待や不安の扇動
　食生活を全体としてとらえず，ある食品を体に悪いと決めつけたり，別な食品をよいと推奨・万能薬視すること

（高橋久仁子『フードファディズム―メディアに惑わされない食生活』中央法規出版，2007年，p.20〜21より）

　人間の体は，食べ物によって劇的な影響を受けないようにできているのです。現代の食生活に必要なことは，あふれる情報の中から，自分で適切に食品を選んで，作って食べる…これこそが一番大切なことと，肝に銘じることです。

　基本的に何を食べるかは，他人が決めるのではなく，まぎれもなく自分自身で決めることです。これは生涯続くことです。そして，何よりも楽しんで食事をすることが大切です。

●領域：食生活（栄養素，生活習慣病，情報を読み解く）
参考文献：高橋久仁子『「食べ物神話」の落とし穴』講談社，2003年
　　　　　高橋久仁子『「食べ物情報」ウソ・ホント』講談社，1998年
　　　　　高橋久仁子『フードファディズム―メディアに惑わされない食生活』中央法規出版，2007年

43 日本の食事がすばらしい能力を発揮させる！

◉炭水化物は，持久力を発揮する！

　今から100年以上前の明治時代の話です。1876（明治9）年，ドイツの医師エルウイン・ベルツが，東京医学校（現在の東京大学医学部）生理学・内科学の教師として日本にやってきました。ベルツは，宮内省侍医も務めるなどして，約30年間を日本で過ごし，日本人の女性と結婚し，医学の教育，研究に幅広い活躍をしました。

　来日当初，日本人が「粗食」であることに驚きましたが，それにもかかわらず，かなりの重労働を長期にわたって継続的にできるということに，さらなる衝撃を受けます。そこで，ベルツは実験をおこないました。このことを1910年にベルリンの医学会で，「日本の植物性の食物がすばらしい能力を発揮させる」こととして発表してしています。その内容は次のようなものでした。

　まだ鉄道が走っていなかった1876（明治9）年，体重54kgの男が，東京から日光までの約110kmの道のりを，馬に乗って行ったところ，馬を6回乗り換えて14時間かかりました。今度は人力車に乗って同じ道のりを走ったところ，車夫（人力車の引き手）一人だけで，14時間半で到着したのです。車夫一人の力が，馬6頭とほぼ同様，という結果に驚いたベルツは，さらに次のような実験をおこないます。

　人力車に80kgの男を乗せ，1日40km，3週間走らせます。その間，日常の食事は，米，大麦，じゃがいもなど炭水化物が中心のものでした。その過酷な課題でも車夫は3週間を乗り切りました。

　次に，「たんぱく質がパワーをうむ」という当時の栄養学（フォイトの栄養学）に従って，毎日の食事に肉類を加えました。たんぱく質で炭水化物の一部を補ったのですが，疲労が激しく，それまでと同じようには走れなくなってしまったのです。3日でやめ，もとの食事に戻したところ，また，以前のように走れるようになりました。これを車夫二人で実験し，同じ結果となりました。

　和食がユネスコ無形文化遺産に登録されました（2013年）。日本の穀類・芋類・野菜類などの植物性食品を中心とした食事は，パワーの面でもすぐれているのです。

　最近では…，マラソン選手がレースの前に食べる食品は，ご飯・パスタなどの炭水化物が中心。これをカーボ・ローディング*と呼びます。

*カーボ・ローディング（Carbohydrate Loading）とは
　マラソンやトライアスロンなど長時間激しい運動をするときに，スタミナ切れが起こらないように，運動時に使うエネルギー源（グリコーゲン）をより体にためて活用すること。グリコーゲン・ローディングと呼ばれることもある。

●領域：食生活（炭水化物，和食）
参考文献：島田彰夫『食と健康を地理からみると』農山漁村文化協会，1998年
　　　　　山田豊文『家族みんなが病気にならない食べ方事典』現代書林，2013年

これ知ってる？ ― 豆知識・コラム ―

44　エネルギーの使われ方には順番があるの？

　　◉炭水化物，脂質，たんぱく質の順番です

　体内でエネルギーとなる栄養素は，炭水化物（糖質），脂質，たんぱく質があります。エネルギー源として同様に考えられがちですが，体内では使われる順番があります。
　食事が終わってしばらくは，もっぱら炭水化物（糖質）がエネルギー源として使われます。炭水化物のエネルギーが不足すると細胞の多くは，糖質から脂質にエネルギー源を切り替え始め，備蓄用の脂質が使われます。さらに不足すると緊急用のたんぱく質のエネルギーが使われるのです。スポーツ選手が試合前におにぎりやうどんなどの糖質の食品を摂るのもこのことと関係しています。
　ただし「脳」だけは炭水化物のエネルギーしか使いません。朝食と成績の関係は，このことと関係しています。

●領域：食生活（エネルギー，脳とエネルギー）
参考文献：白鳥早奈英『知っておきたい栄養学』学研パブリッシング，2013年
　　　　　丸元淑生，丸元康生『豊かさの栄養学』新潮社，1986年
　　　　　岡田泰伸監訳『ギャノング生理学　原書24版』丸善出版，2014年

45　ゼラチンとコラーゲンって何が違うの？

　　◉同じたんぱく質ですが，分子量の大きさが違うのです

　コラーゲンは，動物の体に最も多く含まれるたんぱく質です。人間の体の約17％はたんぱく質でできていますが，その30％はコラーゲンだといわれます。特に皮膚や骨に多く含まれ，細胞と細胞，組織と組織を結合させる結合組織となって，すべての臓器に含まれています。
　構造上でいうと，コラーゲンは細長い分子が3本らせん状に絡み合って，鉛筆のように固い棒状のものになっており，分子量も平均で約30万前後と大きいものです。ゼラチンは，このコラーゲンのらせん構造が熱により解かれ，バラバラになり，小さな分子量の球状のたんぱく質に変性したものです。これらを酵素分解して，もっと小さな分子量にしたものがコラーゲンペプチドです。
　したがって，コラーゲン，ゼラチン，コラーゲンペプチドは，すべて同じたんぱく質です。一般に健康食品でいわれることの多い「コラーゲン」は，分子量の小さなコラーゲンペプチドのことをいいます。
　食品でいうと，お肉などの筋や魚の皮などは，まさにコラーゲンでできています。結合組織ですから，固く，粘りがあって，食品としては食べづらいものとなります。しかし，熱を加えて，じっくり煮込むと，すじ肉などもトロトロとなって，とても柔らかくなります。これこそ，コラーゲンが加熱によって変性してできたゼラチンです。食べやすく，栄養素も変わらない消化のよい，高タンパク・低脂肪の食品となるのです。ゼラチンは取り扱いが簡単なので，食生活に大いに利用したいものです。

●領域：食生活（栄養素）
参考文献：和田正汎，長谷川忠男『コラーゲンとゼラチンの科学』建帛社，2011年

46　なぜ野菜から食べた方がいいの？　一口30回噛むとどうなるの？

●野菜から食べるとＧＩの上昇をおさえる，噛むことはダイエットにも有効！

　食物を食べて消化すると，食べ物に含まれている栄養素が分解され，糖質はブドウ糖となって血液から体内に取り込まれます。この血液中のブドウ糖が血糖です。血糖値の上昇の程度の指標となるのが「ＧＩ」（Glycemic Index の略）です。健康な人が同じ条件で食品を食べ，食後２時間までの間の血糖値上昇を数値化したものであり，血糖値が高い状態が続くと糖尿病を引き起こす大きな要因となります。さまざまな研究結果から，同じ食事でも最初に野菜を食べ，「一口30回噛む」ことで血糖値の上昇が緩やかになることが証明されています。

　また，「噛む」ことで，満腹感が得られ，食べ過ぎ防止，ダイエットにも有効であり，生活習慣病の予防になるなど，さまざまなことが指摘されています。その具体的な方法は「一口30回噛む」ことです。子食化（子ども食）にともない，噛むことが少なくてすむ柔らかい食事が多くなっています。現代の食事時間は平均11分，噛んだ回数は620回，という報告もあります。

　噛むことは，学習能力向上や認知症予防などにも関連しています。また，「噛む」ことで増える唾液は，発がん物質に対する毒消し効果があることもわかっています。次の食事で，意識して一口30回噛んでみましょう。普段の食事でいかに噛んでいないかが実感できるでしょう（→本書p.103「ペンフィールドの脳地図知ってる？」参照）。

【例：似たような食品でも，ＧＩは異なる】

```
ＧＩの大きさ　白米ごはん　＞　雑穀ごはん　＞　酢飯　＞　玄米ごはん
　　　　　　　うどん（乾）＞　中華麺　＞　そば
　　　　　　　パインアップル　＞　バナナ　＞　りんご　＞　みかん　＞　いちご
```

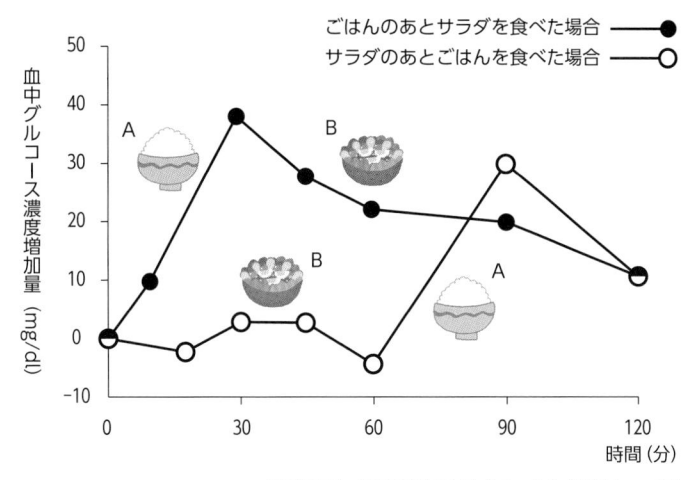

（香川靖雄『時計遺伝子ダイエット』集英社，p.57）

●領域：食生活（咀嚼，血糖値，唾液）
参考文献：林進監修『低ＧＩごはんが血糖値を下げる』ＮＨＫ出版，2012年
　　　　　香川靖雄『時計遺伝子ダイエット』集英社，2012年
　　　　　田中照二『「ＧＩの値」を知れば糖尿病はよくなる！』主婦と生活社，2010年
　　　　　板倉弘重『血糖値を下げる裏ワザ』日東書院本社，2014年
　　　　　西田一『活性酸素に負けない本』講談社，2003年

これ知ってる？ ―豆知識・コラム―

47　コレステロールって無用，悪者？

●細胞膜やホルモンをつくるためにはなくてはならないのです

　心筋梗塞などの循環器系疾患は，日本の死亡原因の第2位になっています。これは血液中のコレステロール値が高いことが原因の一つといわれています。血液検査でコレステロール値が高いといわれると，食品の脂質であるコレステロールを敵視する傾向が強くなり，悪者扱いをしがちですが，実際はどうなのでしょうか。

　まず，コレステロールの働きを考えてみましょう。

◆私たちの体を構成している60兆個あまりの細胞や細胞の中の小器官の細胞膜の主成分。
◆脳神経の刺激を伝える神経組織の成分。
◆食事で摂った脂肪の消化や吸収を助ける胆汁酸の主成分。
◆体の機能を調整する副腎皮質ホルモンや性ホルモン，ビタミンDなどを作る材料となる。

　このようにコレステロールは，人間の体を作る材料の一つであり，体が正常に働く上でなくてはならないものです。植物にはほとんど含まれないので，卵・肉・魚を食べることはとても大切なことなのです。ただ問題なのは，人体はコレステロールをエネルギーにできない，つまりきちんと分解・処理できないため，トラブルが起きてしまうことです。

　コレステロールを全身に供給するのは，肝臓です。肝臓に集められたコレステロールは，リポタンパクという粒子状の物質に乗っかって全身に送り出されます。細胞で使い古されたコレステロールはまた，肝臓まで送り返され，再利用されます。血液中には，肝臓で作られて各細胞へ配達される新鮮なコレステロール（ＬＤＬ）と，細胞から回収されて肝臓へ戻される使用済みのコレステロール（ＨＤＬ）の両方が流れています。ＨＤＬが少ないと回収が困難になり，当然ＬＤＬは血液中に長くとどまり，たまり始め，変質します。ついには血管壁に居座り，動脈硬化を引き起こす要因となるのです。ＨＤＬが多ければコレステロールは回収され，動脈硬化になりにくいのです。このシステムからＬＤＬのことを「悪玉」，ＨＤＬを「善玉」と名づけています。

　コレステロールは，その7～8割が肝臓で生産され，2～3割が食事から摂取されるといい，飽和脂肪酸を多く含む食品を食べ過ぎるとＬＤＬが多くなるといわれます。血液中のコレステロール値の高い人は，「卵を1日1個」というように限定した食べ方をするのではなく，良質で経済的な卵や鶏肉など，栄養のメリットがあって，かつ飽和脂肪酸の少ないものを食べることは大切でしょう。また，ＨＤＬを増加させる運動も必要です。

　脂質は人体にとって必要不可欠な栄養素であることを認識し，その摂取方法に注意したいものです。腹八分，偏らない食事，運動習慣をつけることが基本です。

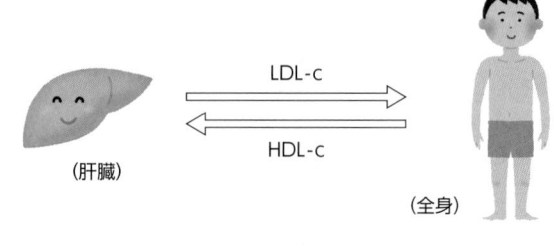

●数値のめやす

$$LH比 = \frac{LDL-c}{HDL-c} = 2.0$$

ＬＨ比が2.0を超えると血管内のコレステロールの蓄積が増えて動脈硬化や心筋梗塞のリスクも高いことが指摘されている。その反対にＬＨ比が1.5以下では，リスクは少ない。
（オムロンホームページ「健康コラム」・第73回日本循環器学会，2009年5月発表参考）

●領域：食生活（脂質と脂肪酸）
参考文献：横山信治「味な提言」中日新聞，2013年9～10月連載
　　　　　丸元淑生，丸元康生『図解「豊かさの栄養学」』新潮社，1986年
　　　　　中村丁次『栄養の基本がわかる図解事典』成美堂出版，2006年

48　アミノ酸で筋力がつくの？　アミノ酸って疲労回復剤？

●スポーツ栄養科学では，アミノ酸は今や必須アイテムです！

　私たちの体の約60％は水分，残りの半分の約20％はたんぱく質でできています。私たちの体の筋肉，骨，臓器，髪の毛，爪，肌，血液，抗体，ホルモン，酵素など，どれをとってもたんぱく質の最小単位であるアミノ酸から合成されています。アミノ酸がなければ，体のどの部分も作られず，働きませんし，健康にはなれないというのはご承知の通りです。したがってアミノ酸は，うまく食事から摂ることが一番大切です。約20種類のアミノ酸のうち，特に9種類のアミノ酸は，必須アミノ酸といって体内で合成できないため，食品から摂る必要があります。しかし，食事からだけでは，たんぱく質が十分摂れない病気の人や高齢者，激しい運動を長く続けなければならないスポーツ選手などにとっては，たんぱく質の消化・吸収を待つより，早く効果のあらわれるアミノ酸の摂取が注目されるようになってきました。

　サプリメントなどのアミノ酸飲料を手に取ってみると，そこに「ＢＣＡＡ○○ｍｇ配合」，または「ＢＣＡＡ配合」とうたった飲料が増えてきました。必須アミノ酸のうち，バリン，ロイシン，イソロイシンの3種類を分子構造の特性から「分岐鎖アミノ酸」(branched-chain amino acids) と呼び，その頭文字をとってこの3種類をＢＣＡＡといいます。

　筋肉は，とても細い筋繊維が束になってできています。筋繊維はたんぱく質でできており，筋たんぱく質に含まれる必須アミノ酸の多くをＢＣＡＡが占めています。ＢＣＡＡは，筋肉づくりのための筋たんぱく質の合成を促進するために，より太い，強い筋肉に作り上げてくれる役割があるといわれています。また，運動前後や運動時に補給することにより，持久力を維持し，筋肉疲労の防止に役立ち，集中力もアップできると言われています。

　アミノ酸の効果として，

◆勝利馬の80％が血統といわれる競走馬の世界で，血統をもたない妊娠中の馬や仔馬の育成期にアミノ酸を投与した結果，皐月賞，菊花賞の二冠に輝いた。

◆オリンピックなどで活躍した数々のスポーツ選手の筋肉と持久力を支えた。

◆体力が低下した高齢者がアミノ酸を摂取したところ，体重の増加，筋力の増加，床ずれの改善，血流の改善などが認められた。

などが実証されていますが，何よりも基本はきちんとした食習慣，運動習慣をつけることが一番大切です。特定のアミノ酸を摂り過ぎることも，健康上よくありません。体力低下でうまく食事が摂れない場合や激しい運動をする場合などは，必要に応じてアミノ酸をサプリメントで摂ることも一つの方法です。

●領域：食生活（アミノ酸，サプリメント）
参考文献：大谷勝『介護されない人生　アミノ酸が高齢社会を救う』ダイヤモンド社，2006年
　　　　　大谷勝『アミノ酸できれいになる，元気になる』小学館，2003年

これ知ってる？ ─豆知識・コラム─

49　あなたの体が語りかけている食べもの！

◉毎日流れる食情報に，何を食べたらいいのと困っている人はいませんか？

　毎日流れる食情報に，何を食べたらいいのと困っている人はいませんか？　そこで重要になるのがヒト（生物学的）の食性*です。ヒトの食性をからだの構造から考えてみましょう。
- ◆爪は平爪，臭覚，聴覚もそれほどなく，脚もそれほど速くない。このことから入手可能な食物は，逃げていくことのない，植物や一部の昆虫，拾うことができる貝類などと考えられます。
- ◆ヒトの歯は，門歯8本，犬歯4本，臼歯20本（親知らずを4本含む）が並んでいます。門歯は，野菜や果物を噛み切り，犬歯は肉などを噛みちぎる，臼歯は，穀類や野菜などを噛み砕くのに適しています。この歯の比率→野菜：肉・魚：穀類＝2：1：5がヒトが摂るべき食物比率です。このことから，ヒトは穀類を中心に摂る雑食動物であることがわかります。
- ◆ヒトの消化酵素の特徴は，アミラーゼ（でんぷん分解酵素）の活性が高いことです。つまりヒトにとって穀類や芋類などのでんぷんを含んだ食品が重要だと考えられます。
- ◆ヒトは，何万年も飢餓に耐えて生き延びてきました。脂肪細胞が脂肪を取り込んでいく貪欲さは，飢餓への適応があると考えられています。まだ，飽食を受け入れる準備はできていないのです。

*「食性」とは
　一般にある動物が本来何を食べているかを問題にされるときに使われる言葉。

【質問例】　教師：「自分の歯の数を数えてみよう」→大騒ぎ！　数を発表させる。（28～32本）

●領域：食生活（食生活とからだ，食生活を見直す）
参考文献：島田彰夫『食と健康を地理からみると』農山漁村文化協会，1988年
　　　　　川端輝江『しっかり学べる！　栄養学』ナツメ社，2012年

50　卵は，賞味期限を過ぎたら食べられないの？

◉卵の賞味期限は，生で食べられる期限表示です

　卵の賞味期限は，1999（平成11）年に厚生労働省が所管している食品衛生法施行規則の改定によって義務づけられました。卵の賞味期限表示は，卵のサルモネラ菌による食中毒防止の点から，サルモネラ菌の増殖が起こらない期間を基準にして設定されています。その期間は保存温度によって異なり，保存温度による生食できる日数（理論値）と過去5年間の平均気温など，英国のハンフリー博士の研究に基づいて算出された科学的根拠により決められています。これによると夏期（7～9月）採卵後16日以内，春秋期（4～6月，10～11月）採卵後25日以内，冬期（12～3月）採卵後57日以内が生食できる期限となるようです。卵の賞味期限は思ったより長いのです。
　日本のように卵を生で食べる習慣は，欧米諸国にはありません。日本では生食を前提として，養鶏場で衛生管理をし，採卵後も洗卵・検卵・選別など厳しい管理のもとに出荷されています。買ったら，そのまま冷蔵庫に入れ，殻にひびが入っているものは生食を避け，加熱調理して食べることが重要になります。賞味期限を過ぎても，加熱調理すれば食べられるのです。

●領域：食生活（食の衛生と安全，期限表示）
参考資料：農林水産省ホームページ＞消費者の部屋，2008年／http://www.maff.go.jp/j/heya/
　　　　　（社）日本養鶏協会ホームページ，公表資料

51　トランス脂肪酸って何のこと？

　　●マーガリンやショートニングなどの植物性の加工脂のことです

　トランス脂肪酸またはトランス型脂肪酸といわれ，構造中にトランス型の二重結合をもつ不飽和脂肪酸のことです。この脂肪酸は天然油脂にはほとんど含まれず，植物油に水素を添加して硬化させた硬化油のマーガリン，ファットスプレッド，ショートニングなどを製造する過程で発生します。したがって，水素添加によって作られる加工脂，それらを原料に使ったパン，ケーキ，ドーナツ，クッキーなどの洋菓子，揚げ物，ピザなどに多く含まれます。

　トランス脂肪酸は，摂取を続けると動脈硬化や心筋梗塞など，生活習慣病のリスクを高めると言われ，また，認知機能の低下，アトピーなどのアレルギー症への悪影響なども指摘されています。

　2003年，生活習慣病の予防のために開催したＷＨＯ/ＦＡＯ合同専門家会合は，その中で，「トランス脂肪酸の摂取量を１日当たりの総エネルギー摂取量の１％未満とするよう勧告」しました。これ以降，トランス脂肪酸を含む製品の使用を規制したり，含有量の表示を義務化したりする国が増えてきましたが，日本ではまだ義務化されていません（2015年２月現在）。

　日本国内では，一部の大手コンビニが低減に力を入れたり，2010年12月にはトランス脂肪酸を含む商品を販売しない方針を発表しています。また食品事業者による自主的な努力によって，トランス脂肪酸の少ない食品も販売されています。

　アメリカ食品医薬品局（ＦＤＡ）は，2013年７月，揚げ物用の調理油などに含まれ，肥満や心疾患との関連が指摘されるトランス脂肪酸の使用を段階的に禁じる方針を打ち出しました。「食品に使う上で安全とは認められない」と判断し，食品業界に要請したのです。ＦＤＡは規制をおこなうことで，「米国内で年間２万件の心臓発作を予防し，7,000人の死者を減らせる」とみているとのことです。

●領域：食生活（脂質，脂肪酸）
参考資料：農林水産省ホームページ＞加工・調理食品の安全確保＞トランス脂肪酸に関する情報
参考文献：山田豊文『家族みんなが病気にならない食べ方事典』現代書林，2013年

52　「人は見た目より中身が大切」と考えていませんか？

　　●人の印象は一瞬で決まります！

　入試や就職試験の面接指導では，「服装や髪型を整えなさい」と指導されます。「人は中身」と思っている人も多いでしょう。しかし，私たちはまず見た目，つまり，外観，服装，髪型，表情などの視覚で人を判断しているのです。しかもその時間は一瞬という短さにびっくりです。

　アメリカの心理学者アルバート・メラビアンが提唱した「メラビアンの法則」などからこのことは明らかにされています。それは，人の第一印象は初めて会ったときの３～５秒で決まり，またその情報のほとんどを「視覚情報」から得ているという概念です。情報の55％が「視覚」から，「話し方や声のトーン，口調」などが38％，「話の内容」が７％といわれています。入試や就職試験では，まず服装や髪型を整え，自分の主張を聞いてもらうことが大切です。

　アメリカ・シカゴ大学認知・社会神経科学センターのステファニー・カシオッポ博士の「人は好き嫌いを一瞬の0.5秒で判断している」という研究報告もあります（2008年）。

●領域：衣生活（着装），青年期の課題（社会的自立）
参考文献：竹内一郎『人は見た目が９割』新潮社，2005年

これ知ってる？　―豆知識・コラム―

53　デニムとジーンズ　どう違うの？

●あなたはどう使い分けていましたか？

デニムとは　語源は，フランス語のserge de Nimes（ニーム産の綾織布・サージ）。ニームは南フランスの町名。綾織の厚地綿布。普通縦糸に色糸，横糸に白色を使って斜文織した布で，表には色糸，裏には白糸が多く出るように織られています。元来は，藍色，褐色が主でしたが，現在では各色あり，縞，格子柄のものもあります。また，綿100％だけでなく化学繊維，絹などとの交織もあります。もともと綾織の布地のことを意味しますから，素材を表す言葉として「デニムのスカート」，「デニムのパンツ」，「デニムのバッグ」などのように使います。

ジーンズとは　もともとは，北イタリアの港町ジェノヴァ（Genova）で作られた「ジーン」と呼ばれる丈夫な細綾織の木綿布で作られたパンツおよび衣服のこと。特に藍色のブルージーンズが有名。ジーパンは和製英語です。港町で水夫のパンツや帆布として使われていた布がアメリカに輸入され，中世ラテン語でジェノヴァが，Januaと表記されたのが，変化して，ジーン（Jean）になったと言われています。アメリカのリーヴァイ・ストラウスが，ゴールドラッシュ時代（1853年）に，金を掘るための衣服として考えたのが，現代のジーンズの原型となっています。

　以上のことから，デニムもジーンズも，もともと素材を意味する言葉であったものが，現代ではデニムが素材，ジーンズはそれらで作られた衣服の総称として使われることが多いのです。

●領域：衣生活（織物・布）
●参考文献：田中千代『新田中千代服飾事典』同文書院，1991年
　　　　　　文化出版局編『服飾辞典』文化出版局，1979年
　　　　　　石山彰編『服飾辞典　日英仏独対照語付』ダヴィッド社，1972年
　　　　　　『オックスフォード英和大辞典』福武書店，1982年

54　デニールと番手って知っていましたか？

●デニールはタイツに，番手は縫い糸やミシン糸についています！

デニール　絹糸，化学繊維などの繊維の太さを表す単位。長さ450mの糸の重量が0.05ｇ（ＪＩＳでは9,000mの糸が１ｇ）である場合，この糸を１デニールといいます（恒長式）。数が大きくなるほど糸は太くなります。したがって，タイツの80デニールは50デニールより厚地のものとなります。50デニール未満になると透明感が出てくるようになります。通常15〜20デニールが極細と言われます。

番手　糸の太さを表す単位で，糸の重さが１ポンド（454g）で長さが840ヤード（約768m）あるものを１番手とします（恒重式）。長さが30倍になれば30番手と言います。番手はデニールとは反対に，数が大きいほど糸は細くなります。ワイシャツなどの布地は上等なものほど薄くてしなやかになるため，細い糸のものが高価になり，高級なものほど番手の数字は大きくなります。

　一般に木綿の縫い糸は30番が標準で，ボタン付けなどは丈夫にしたいため20番の糸を使います。ミシン糸の場合は50番か60番が普通の厚さの布を縫うのに適しています。糸を買うときの参考にしましょう。

●領域：衣生活（織物・糸）
●参考文献：田中千代『新田中千代服飾事典』同文書院，1991年
　　　　　　文化出版局編『服飾辞典』文化出版局，1979年
　　　　　　石山彰編『服飾辞典　日英仏独対照語付』ダヴィッド社，1972年

55　生活の中にある色には意味があるの？

　　　◉生活の中でさまざまに使われている色には深い意味があります

◆流行色は，2年前から国際流行色委員会（インターカラー）で検討され，発表されます。インターカラー選定色が世界各国の流行色を決定づけることになります。日本では1年半前に日本流行色協会が，この発表をもとに検討し，国内向けに選定します。
◆手術着やマスクの色は青緑色です。手術中に出血した患部を長く見つめていると，目の中に赤色が強く残り，頭を上げた瞬間，緑の斑点が見えるのです。これは緑の補色である赤色の血を長く見続けたことによって起きる現象です。そこで手術着やマスクの色を緑にすることでこの残像を打ち消しているのです。（補色とは，色相環で正反対に位置する関係の色の組み合わせ。たとえば赤と青緑，橙と青など）
◆同じ重さの箱でも，黒い箱は白い箱の1.87倍も重く感じるという報告があります。
◆壁を暖色系（赤，橙）にすると，寒色系（青，緑）より室温が3～4℃高く感じます。
◆ファストフード店の内装には暖色系の色が多く使われています。寒色系の部屋は，1時間いても30分ぐらいに短く感じられるのに対して，暖色系の部屋は，30分しかいないのに1時間いたように長く感じられ，その結果，客の回転率を高めることになるのです。この色と時間の関係は，教室や学習塾の内装にも使われています。

●領域：衣生活（着装），住生活（住空間）
参考文献：山口英一監修，五感教育研究所『色の科学』日刊工業新聞社，2012年
　　　　　岩本知莎土『色の雑学事典』日本実業出版社，2001年
　　　　　色彩活用研究所サミュエル監修『色の事典』西東社，2012年

56　人が死ぬと必ず財産がもらえるの？

　　　◉財産には負の財産（負債）もあります。でも手続きを取れば大丈夫！

　人が死亡すると財産の相続が発生します。財産には，不動産・現金・預貯金・有価証券，などの正（プラス）の財産と，借金・債務・未払いのお金（税金，家賃など）の負（マイナス）の財産があります。正の財産だけ相続して，負の財産は受け継がないということは認められていません。財産を受け継ぐことを「相続承認」といい，財産の受け継ぎを拒否することを「相続放棄」といいます。
　負の財産は，下記の手続きにより相続を放棄することができます。

※**負の財産があることを知ってから3か月以内に，家庭裁判所に申し出る**
　配偶者，子どもが相続放棄をすると，第2順位である直系尊属（親），第3順位である兄弟姉妹が順番に相続人となります。相続放棄はあとから撤回することはできないので，相続財産の調査は慎重に行う必要があります。
＊相続放棄は急増しており，死亡者に占める相続放棄件数の割合は，2012年度で14％にのぼる。

【質問例】　正の財産相続の授業をしている先生に向かって生徒が質問
　　　　　生徒：「先生，人が亡くなると，いつもお金がそんなに残っているの？」

●領域：家族（相続）
参考文献：藤井和哉監修『図解わかる相続・相続税』新星出版社，2006年

これ知ってる？　— 豆知識・コラム —

57　こんな住宅用語，わかりますか？

●知っていると楽しいですよ

住宅の購入や部屋を借りるとき，その住宅広告やパンフレットに書き込まれている用語がわかりますか？

専有面積	部屋，バス・トイレ，収納スペースの合計面積。 なお，○○㎡という表記は，メートル四方のこと。メートルを漢字で米と書くため「へいべい」と読む（1坪＝約3.3㎡，畳2畳分）。
角部屋	建物の角に部屋があり，日照・風通しもよい。価格も高くなる。
天井高	床から天井までの高さ。居室で2.5mが平均的な高さ。
交通	駅から○○分，1分は80mと換算する。
管理費	共用部分の維持管理費。
バルコニー	西洋建築で，室外へ張り出して作った，屋根のない手すり付きの台。
ニッチ	壁の一部をくぼめて置物などを置く場所。
グルニエ（仏語） ロフト（英語）	屋根裏部屋。
耐震構造	主に壁や柱など建物の構造の強度を上げて，振動エネルギーを受け止め，その力に耐えられるようにする方法。地震の揺れ自体は建物内部に伝わるので，強い地震の場合には，建物・家財の破損および家具転倒の可能性は高い。
免震構造	地面と建物の間に入れた免震装置が，振動エネルギーを吸収し，建物に振動が伝わらないようにする構造。建物・家財の破損および家具転倒の可能性は低い。
制震構造	振動軽減装置などを壁や柱，屋上に設置して，建物の揺れを制限する方法。特に高層ビルの上階の反復揺れを抑える。建物自体の破損の可能性は低いが，家財の転倒・破損の可能性はある。主に高層ビルに適用。
定期借家制度	2000（平成12）年3月より導入された貸し主を守る制度。これまでは貸し主の立場が弱く，不良入居者に居座られ，そのために多額の立ち退き料が必要となることがあったが，それを改善するために作られた制度。基本的に契約期間が終了すれば契約の更新がない。借り主にも優良物件が通常より安価に借りられるなどのメリットがある。

◎略語もたくさんあります

SRC	鉄骨鉄筋コンクリート	RC	鉄筋コンクリート
TR	トランクルーム	B	バルコニー
PS	ガス・給排水などのパイプスペース	L	リビングルーム（居間）
D	ダイニングルーム（食堂）	K	キッチン（台所）
N（S）	納戸（サービスルーム）	DEN	書斎
WIC	ウォークインクロゼット	SIC	シューズインクロゼット
DS	空調などのダクトスペース	MB	電力・水道・ガスなどのメーターボックス

●領域：住生活（住空間の選択）
参考文献：『新世紀ビジュアル大辞典』学習研究社，1998年　　『広辞苑』岩波書店など

58 ペンフィールドの脳地図知ってる？

◉手や指，口（舌）に対応する脳の面積はとても大きいのです

　ペンフィールドは，カナダの脳神経外科医でヒトの脳の機能地図を作りました。この機能地図は，運動・感覚と脳の関係を示したものであり，人の脳に電極を当てた結果，身体の各部位からの入力が感覚皮質のどの部分に投射されているかを示したものです。この機能地図を見ると，手や指，口（舌）に対応する脳の面積はとても大きくなっています。私たちの外部からみた人体のようすとはまったく異なることがわかります。

◆ペンフィールドの脳地図や脳人形はインターネットから取り出せます。
◆この脳地図から次のようなことが推測できます。
　・赤ちゃが物をよく口に入れるのは，物の確認のためである。
　・子どもが手を使って遊ぶことは，知能の発育にとても大切なことである。
　・高齢者がおしゃべりをしたり，手先を使って物をつくることは，認知症予防になる。

図　ペンフィールドの脳地図

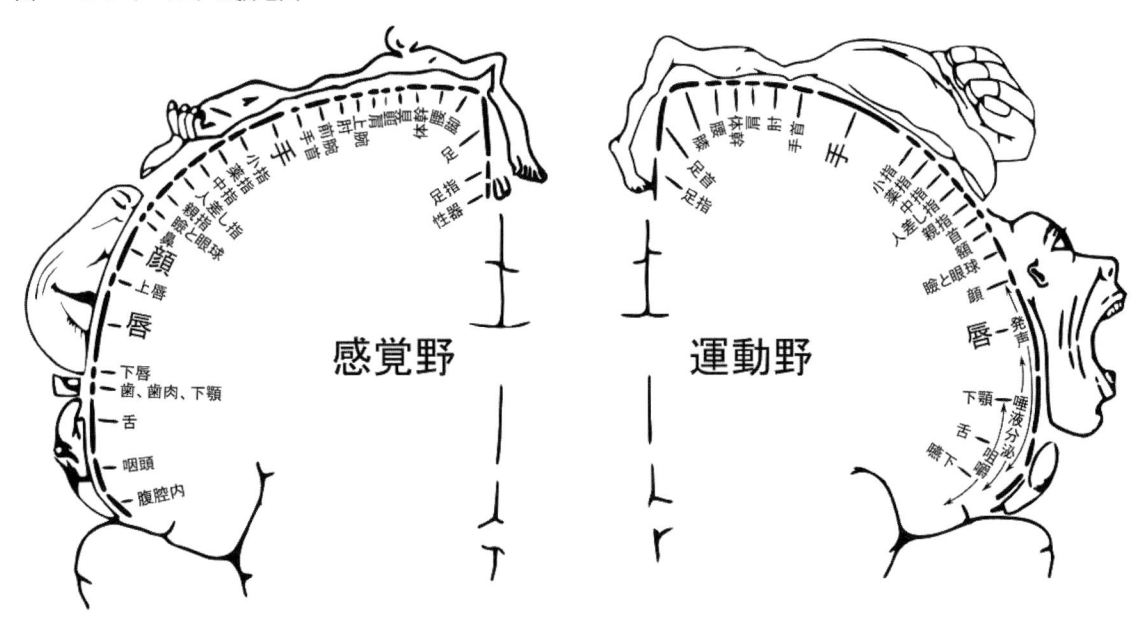

【生徒の感想】
　◆初めて見た脳と体の関係にびっくりした
　◆子育てをしている姉に伝えよう
　◆何度も同じことを話すおじいちゃんのおしゃべりを聞いてあげよう
　◆8020運動など，世の中でいろいろ言われていることの意味がわかった
　◆手を使うこと，おしゃべりなどがこんなに脳を動かしているとは思わなかった
　◆この内容を生活にいかし，元気な高齢者をめざす

●領域：子ども，高齢者
参考文献：ワイルダー・ペンフィールド『脳と心の正体』塚田祐三・山河宏訳，法政大学出版局，1987年
　　　　　久保田競『手と脳』紀伊國屋書店，1982年
　　　　　日本咀嚼学会編『咀嚼の本—噛んで食べることの大切さ』口腔保健協会，2006年
参考資料：日本学術会議Webサイト「おもしろ情報館」「脳の中の地図」

これ知ってる？ ―豆知識・コラム―

59　森永ヒ素ミルク中毒事件

　　◉背景にはこんなできごとがありました

　これは，1955（昭和30）年，岡山地方を中心に近畿・中国・四国地方で起きた森永の粉ミルクによる乳幼児の中毒事件で，患者は約1万2000人，死亡者130人に及びます。原因は，ミルクがよく溶けるように入れた安定剤にヒ素が混入したことにあります。健康な子どもほどたくさんミルクを飲み，重症化した悲惨な事件でした。食品公害第1号といわれ，消費者問題を象徴する事件とされています。混入時から約20年たってからの民事訴訟であったため，裁判は難航し，18年の歳月を費やして結審しましたが，原告側の弁護士となった中坊公平氏の発言が事件を象徴しています。

　彼は，被害者の家を一軒一軒訪ね，母親たちの言葉を集めました。「裁判で国や森永が悪いと言わなければならないのに，被害者である母親たちは誰一人『森永が悪い』とは言わないのです。一番多いのは『私の母乳が出なかったのが悪いのです』，『安いミルクを買った私が悪いのです（高い方にはヒ素が入っていなかった）』，『子どもがミルクを嫌がったのに気づいてやれなかった』など，みな自分を責める言葉でした。母親たちは，勝訴しようと，損害賠償をもらおうとも，自分たちは永遠に救済されないこと，『子どもを種に賠償金をもらうのか』と世間が冷たいことも知っているのです。この裁判の意味が，自分たちのためではなく，食品公害を止めることにあるという思いだけだったのです」と述懐しています。

　事件の悲惨さは言うまでもありませんが，「母親はこうあるべき」という教育や世間の目が患者の家族を二重に苦しめたという点で注目しなければならないでしょう。

●領域：経済生活（消費者問題），食生活（食品公害）
参考文献：瀬戸内寂聴，中坊公平，安藤忠雄『いのちの対話―生き抜く「元気の素」をあなたに』光文社，2001年

60　使い捨てナプキンを作り出したのは誰？

　　◉一人の主婦によって生み出されました

　日本の生理用品の性能は，世界最高水準にありますが，使い捨てナプキンが登場してまだ半世紀です。使い捨てナプキンが登場するまでの経血処理は大変でした。1961（昭和36）年11月「40年間お待たせしました」というキャッチフレーズとともに，新聞4社に全面広告を出し，アンネナプキンは登場しました。12個入り100円という，当時では非常に高価な商品でした。

　アンネ社の創業者は，弱冠27歳の女性，坂井泰子です。彼女の手記によれば，アンネ社を作る5年前に結婚し，銀座に発明サービスセンターを立ち上げました。ナプキンを作るきっかけは，米国に赴任した夫に同行したときに出会った米国製ナプキンとセンターに届いた多くの意見からでした。米国並みのナプキンを作るために彼女は，聞き取り調査を厳密に行い，モニターの一人として子どももつくらず，自分の経血量を徹底的に調べました。このことからも，生理用品にかけた彼女の意気込みの凄さを感じます。

　この商品の発売をきっかけに，当時口にすることがはばかられた月経を「アンネ（の日）」と呼ぶようになりました。この技術は，紙おむつの原点にもなっています。

▶小ばなし
　桑田佳祐が歌った「恋するマンスリー・デイ」には，男性にとって不可解な月経がコミカルに表現されている。

●領域：家族（青年期，男女共同参画社会）
参考文献：小野清美『アンネナプキンの社会史』宝島社，2000年
　　　　　田中ひかる『生理用品の社会史』ミネルヴァ書房，2013年

61　中・高校生の死因の1位もがん（悪性新生物）ですか？

　　　◉中・高校生（15～19歳）の死因1位は「自殺」です

　2013年の日本人の死因の1位は悪性新生物，2位 心疾患，3位 肺炎，4位 脳血管疾患，5位 老衰です。老衰は，2010年に初めて5位になり，急速に高齢化が進んでいることが実感できます。

　40～89歳までの死因1位は確かに悪性新生物ですが，中・高校生の死因は異なります。下表が15～39歳の死因で，1位が自殺であることに驚きます。中・高校生の生活習慣はもちろん，ストレスなどを回避し，精神的自立を確立させる努力が必要です。

表　日本人の年齢別死因順位と割合（2013年）

年齢（歳）	第1位 死因	割合（%）	第2位 死因	割合（%）	第3位 死因	割合（%）	第4位 死因	割合（%）
総数	悪性新生物	28.8	心疾患	15.5	肺炎	9.7	脳血管疾患	9.3
15～19	自殺	35.9	不慮の事故	26.5	悪性新生物	11.8	心疾患	4.0
20～24	自殺	51.7	不慮の事故	17.0	悪性新生物	7.3	心疾患	4.6
25～29	自殺	49.2	不慮の事故	12.7	悪性新生物	10.4	心疾患	6.2
30～34	自殺	40.9	悪性新生物	16.2	不慮の事故	10.7	心疾患	8.2
35～39	自殺	30.8	悪性新生物	23.2	心疾患	9.9	不慮の事故	8.2

（厚生労働省「人口動態統計」）

●領域：食生活（健康と食生活），青年期の課題（精神的自立）
参考資料：厚生労働省「人口動態統計」（日本人の年齢別死亡順位・死亡割合）

62　食物繊維を摂ると便秘がよくなり，がんを予防できるの？

　　　◉食物繊維と便秘，大腸がんは関連しています！

　食物繊維は，人の消化酵素では消化されにくい食物成分（難消化性成分）の総称です。45年ほど前は，栄養学的にはまったく効果は期待できない不要のものと考えられていました。しかし，食物繊維には，小腸のぜんどう運動を促進して便秘を予防する，血圧や血糖値の上昇を抑える，血中コレステロールを低下させる，などの働きがあることがわかり，1992年，「四訂日本食品標準成分表」に227食品の食物繊維含有量が加えられました。

　便秘を引き起こさないためには，成人で1日25～30gの食物繊維が必要であると推定されています。独立行政法人国立がん研究センターの最新の研究結果では，食物繊維は，大腸がんのリスクを下げる可能性が大であると報告されています。また，ヨーロッパ8か国52万人のコホート研究では，食物繊維の摂取量が多いほど大腸がんのリスクが低くなったと報告されています。今もさまざまな視点から各国で研究が続けられています。

●領域：食生活（食物繊維）
参考文献：川端輝江『しっかり学べる！栄養学』ナツメ社，2012年
　　　　　中嶋洋子『栄養の教科書』新星出版社，2012年
　　　　　川島由起子『栄養学の基本がわかる事典』西東社，2013年
参考資料：独立行政法人国立がん研究センターホームページ

いくらになるかな？ ―生活データ集―

63 無償労働報酬（家事労働）はいくらになる？

領　域	家族（家庭生活，家事労働，男女平等，性別役割分業）
目　的	無償労働を貨幣換算することで，家事労働と職業労働について考えさせる。

1. 無償労働（Unpaid Work，アンペイドワーク）とは，家事，介護・看護，ボランティア活動の総称である。
2. 無償労働の貨幣評価法にはいろいろあるが，今回のデータは，機会費用法（Opportunity Cost Method）のデータを採用している。家事労働を担う者が，家事労働をする代わりに市場で働いたとしたら得られるはずの賃金（逸失利益）を当てはめて評価したデータである。
3. 結果
   - 2011年での無償労働報酬は，図のように，女性全体で192.8万円，男性全体で51.7万円，専業主婦で304.1万円，兼業主婦で223.4万円，独身女性で93.7万円となる。
   - 専業主婦の無償労働の内訳比率は，表の通りである。いかに女性（特に既婚者）が，無償労働を行っているかがわかる。男女共同参画社会基本法の目的である「男女が，社会の対等な構成員として，自らの意思によって社会のあらゆる分野における活動に参画する機会が確保され，もって男女が均等に政治的，経済的，社会的及び文化的利益を享受することができ，かつ，共に責任を担うべき社会」には，まだまだそぐわない状態にある。
   - 年代別既婚女性の無償労働時間は，専業，兼業主婦ともに，30代前半で頂点を迎える。女性全体では，30代後半から40代前半で家事・育児に追われ，ピークとなる。
   - 男性は，50代後半から無償労働時間が増加し（職業労働退職後），80代前半でピークを迎える。一人暮らしになってやむを得ず，家事をせざるを得ない状況がある。

図　無償労働報酬の経年変化

表　無償労働の貨幣換算額（2011年）

仕事の種類	専業主婦（万円）	割合（％）
炊事	116	38
清掃	46	15
育児	43	14
買い物	40	13
洗濯	27	9
家庭雑事	12	4
縫い物	9	3
介護	8	2
社会活動	5	2
合計	304	100

（各種データは，2013年6月21日，内閣府経済社会総合研究所国民経済計算部資料による）

まとめ
- 女性の社会進出を促進し，無償労働時間を有償労働に置き換えれば，経済の活性化に寄与できるとも考えられるが，保育所不足をはじめ，保育料や家事の外部化に見合った収入が実際に得られるだろうかという問題，働けば税（配偶者特別控除）と社会保障の問題も絡み合って，なかなかうまくはいかないのが現状である。
- 単身世帯が増加する中，一人で暮らすことを視野に入れて，男女ともに家事の訓練が必要である。

64 新聞広告料金

領　域	経済生活（消費生活），情報
目　的	主体的な消費行動を目指すために，情報の内容，情報源，情報の信頼性，情報発信の意図をきちんと理解したうえで，情報に惑わされない意思決定をしていくことを学ぶ。

1．広告の意味

　新聞広告が一面いっぱいに出されると，読み手はやはり，そこに目が行く。情報の発信者は大きな宣伝効果が得られるだろう。また，新聞広告に掲載というだけで，商品の信用を勝ち得る場合もある。

　広告には意見広告（発信者の主義主張を訴えるもの），社告（商品のリコール・回収情報，株主への案内など），謝罪広告（企業や行政機関の不祥事に対する謝罪），記事下広告（求人広告・映画娯楽欄広告・書籍広告等），訃報欄（死亡広告）などさまざまなものがある。単に商品を売るためだけの宣伝・広告もあれば，リコール情報など消費者の命に関わる広告もあるので，情報発信の意図を読み取ることが必要であり，大切である。また，莫大な費用をかけて宣伝する企業の商品価格に，この広告料も少なからず含まれていることも認識する必要がある。

　なお，新聞購読料は，2015年5月現在，朝刊夕刊セットで1か月当たり，読売，朝日，毎日ともに税込で4,037円，日経は4,509円である。各紙特徴のある紙面となっているが，購読料が横並びで価格競争がないという現実がある。

2．各紙広告料金

　宣伝に使われる費用の概算が，どのくらいかを知るために，およその費用を比較してみた。

　紙面1ページを天地15段に分割したスペースのことを1段と言う。この段数と左右の幅，全国版，地方版，新聞の発行部数（読み手の人数），朝刊か夕刊か両方か，1回掲載か，カラーかモノクロ広告か，などによってその値段も当然違ってくる（現在，記事の部分は文字サイズが大きくなったため，12段組みになっているが，広告は15段組みを基本とする）。

　下表は，下部全面5段を使って，モノクロ，朝刊，面指定なし，1回掲載の場合の広告料金の比較表である。さらに地元紙を加えて比較してみてもよいだろう（週刊誌宣伝などの書籍広告は，通常「記事下広告」と言って，紙面下部の5段分を半分にして使用している場合が多い）。

	読売新聞	朝日新聞	毎日新聞	日本経済新聞
朝刊販売部数	約987万部	約754万部	約335万部	約278万部
広告料金	17,640,000円	15,355,000円	9,595,000円	7,360,000円

販売部数は，日本ＡＢＣ協会「新聞発行社レポート半期普及率　2013年7～12月」より
広告料金は，各新聞社広告料試算（2013年3月）による

いくらになるかな？ —生活データ集—

65 人生のさまざまなライフイベントにいくら必要か？

領 域	経済生活（自立，家計と経済，経済計画と家計管理）
目 的	ライフステージにおける主なライフイベントにかかるお金の平均値を知り，生活設計を考えさせる。

　長い人生において，どんなライフイベントがあり，それらにかかるお金の平均値を知っておくことは人生設計のために大切なことである。

ライフイベント	内容	費用（概算）
新社会人・資格	TOEIC・簿記・秘書検定試験料	約4,000～6,000円
結婚[*1]	結婚式・披露宴費用　全国平均	約350万円
妊娠と出産[*2]	妊婦健診　総額平均	すべての自治体で14回までは無料だが，健診内容によっては費用がかかる
	出産費用　全国平均	40万円前後（健康保険から42万円の出産一時金が支払われる）
マイホーム[*3]	新築マンション価格	約2,500～3,700万円
教育費[*4]	幼稚園から高校卒業までの15年間の学習費総額	約500万円（すべて公立）
		約580万円（幼稚園だけ私立）
		約670万円（高等学校だけ私立）
		約750万円（幼稚園と高等学校が私立）
		約1,000万円（小学校だけ公立）
		約1,680万円（すべて私立）
老後の資金 夫婦2人分[*5]	老後の生活必要資金（月間）	約27万円
	65歳から85歳までの20年間では	27万円×12×20年＝6,480万円
	夫：厚生年金＋妻：国民年金 平均月額合計	21.5万円
	夫：厚生年金＋妻：国民年金の場合 生活資金の不足分20年分	21.5万円×12×20年＝5,160万円 6,480万円－5,160万円＝1,320万円不足

出典
*1：リクルート「ゼクシィ」2012年
*2：財団法人生命保険文化センター資料，厚生労働科学研究費補助金・厚生労働科学研究事業「我が国における分娩にかかる費用等の実態調査　平成21年1月」から試算
*3：24年度フラット35利用者より
*4：文部科学省「子供の学習費調査」平成24年度版
*5：総務省家計報告書（家計収支編）平成24年度速報結果の概要
　　財団法人生命保険文化センター資料「生活保障に関する調査　平成24年度」より

66 みんなこんなに貯蓄あるの？ 平均値と中央値 どう違うの？

領　域	経済生活（経済計画，家計），情報
目　的	家計調査などさまざまな統計資料を引用する場合に，表や図の正しい読み取りのために平均値と中央値の違いを理解させる。

●統計資料から考えさせる

　平均値（average）：いくつかの数の和をその個数で割ること。

　中央値（median）：数値全体を大きさの順に並べたときの中央にくる値。

図　貯蓄現在高階級別世帯分布（二人以上の世帯，2013年）

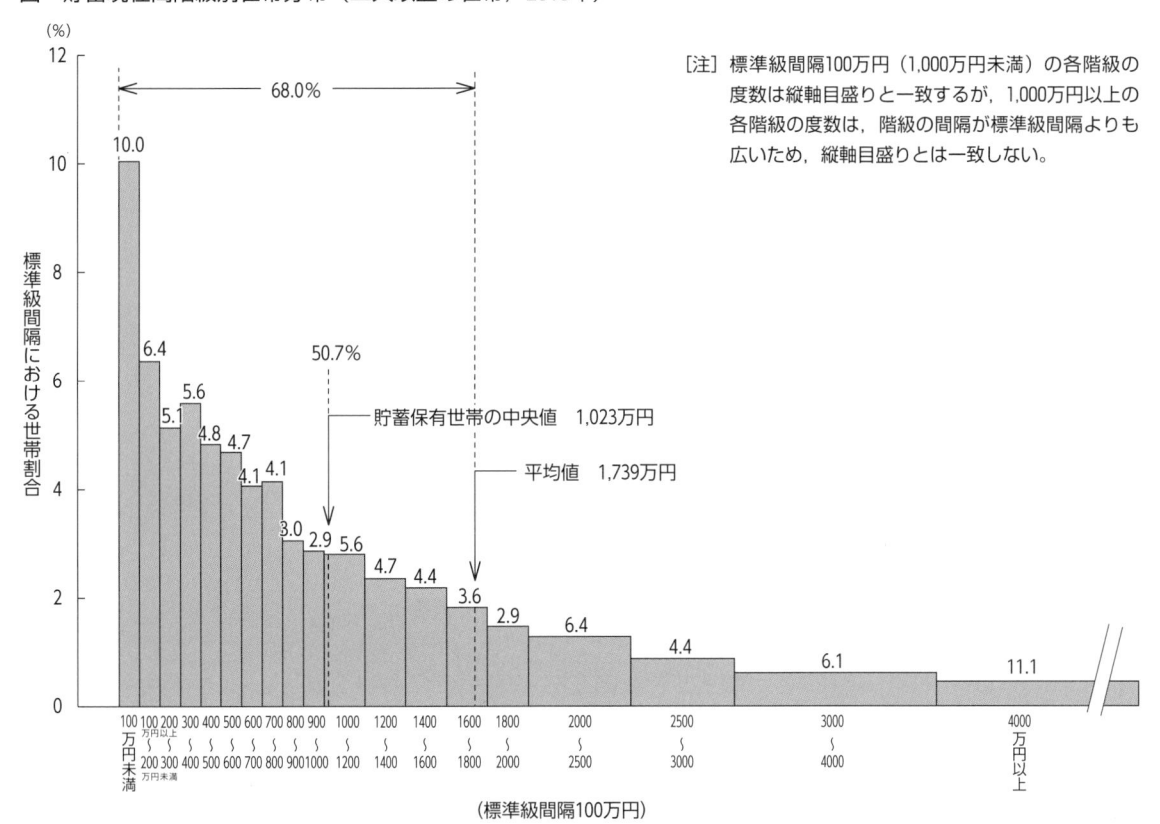

［注］標準級間隔100万円（1,000万円未満）の各階級の度数は縦軸目盛りと一致するが，1,000万円以上の各階級の度数は，階級の間隔が標準級間隔よりも広いため，縦軸目盛りとは一致しない。

貯蓄保有世帯の中央値　1,023万円
平均値　1,739万円

（総務省「家計調査報告（貯蓄・負債編）—平成25年平均結果報告—（二人以上の世帯）1世帯当たり貯蓄現在高」）

　図を見ると，貯蓄現在高の平均値は1,739万円，中央値は1,023万円で，平均値の金額の約6割になる。この数字の読み取り方を生徒に教えておくことが大切である。貯蓄のように上限なく貯蓄保有高が非常に高い世帯があれば，当然平均値は高くなる。もちろん平均値と中央値が一致する場合も多い。

　テストの平均値とも絡み合わせて教えると有効である。表やグラフを読み取ることの多い家庭科では，大切な指針となる。グラフを読み取るときなどの話題にするとよい。

参考：「家計の金融行動に関する世論調査」による貯蓄の3大目的は，①老後の生活資金（約70％），②病気や不時の災害への備え（約65％），③こどもの教育資金（約30％）となっている。その他「特に目的はないが貯蓄をしていれば安心」「耐久消費財の購入資金」「旅行・レジャーの資金」が続いている（貯蓄の内容は，定期性預金，生命保険，通貨性預金，有価証券など）。

（金融広報中央委員会，2014年，複数回答，3項目以内）

いくらになるかな？ ― 生活データ集 ―

67 衣服のリフォーム，修繕費はいくら？

領域	衣生活（補修），生活的自立
目的	修繕・補修の外注は意外に費用も時間もかかることを認識させる。家庭でできる修繕・補修の基本的な技術を身につけることは，伝承の技の見直しにもつながる。

【資料】

右表は，あるデパートのリフォームコーナーの「紳士服・婦人服ファッションリフォーム標準価格表」である（2015年4月）。表示されているのは最低料金である。

補修のところには，「ほつれ・破れ補修／ボタン付け／ニットのお直しなども承っております」とあって，価格については具体的に書いていない。補修などは家庭で行われる基礎的な技術なので，注文も少ないのだろう。

<価格表> （税抜）

パンツ　裾上げ　シングル仕上げ	（紳士）	1,200円〜
	（婦人）	1,200円〜
ジャケット・コート　袖丈つめ	筒袖	3,000円〜
スカート　着丈つめ	タイト	2,500円〜
	フレア／プリーツ	3,000円〜
ほつれ・破れ補修／ボタン付け／ニットのお直しなども承っております。		

他のリフォーム業者でも，ボタン付けやスナップ付けを価格表にのせているところは少ないが，調べてみると，ボタン付け1個で100〜400円（税抜）までと幅広く，一番安いのはワイシャツのボタン付けで，100円であった。思った以上に価格は高い。補修を家族にやってもらうことの多い高校生には，被服実習の前に，必ず，なぜこのような技術や実習の時間が必要なのかを教えておく。

【確認事項】

①**教えておきたい基本的な技術**

　ボタン・スナップ付け，裾まつり，縫い目の補修として本返し縫い，半返し縫い，並縫い。

②**基本的な技術を学ぶ意味**（必ず生徒に伝えたいこと）

◆自分で衣服の補修ができるようになるため（自立のため）。

◆技術を知っていれば，既製服のできばえの評価もでき，価格も納得できる。リフォームやリメイクにも挑戦しやすく，衣生活を楽しむことができる。

◆お店に補修の依頼をする場合に，やり方がわかれば注文しやすい。補修のできばえを評価でき，代金が正当かどうか判断できる。衣服を大切に扱うこともできるようになる。

◆自分ではできないときにやってくれる人（家族・友人）に感謝の気持ちをもてるようになる。

◆伝承の技への興味・関心がわき，文化を大切にしていこうとする気持ちが芽生える。

◆手指の働きは，練習すればするほど上達し，動くようになっていくことが実感できる。将来の仕事選びにも関連してくる。

◯小ばなし

☆ある女子校では，医学部に進学する生徒が多いため，始業時間前に集中力を養うために運針をさせる。

☆著名な心臓外科医は，手術技術向上のため，左右の手で運針を練習し，左右の手足の爪をはさみで切る。まさに，技術は練習すれば絶対に向上する，ということがわかる。

68 私たちの体はどのくらいの期間で作られているの？

領 域	食生活（栄養素と体）
目 的	私たちの体（細胞）は栄養素から作られ，絶えず入れ替わっていることを理解させる。

　私たちの体は，約60兆個の細胞からできている。その細胞は，すべて，摂取した栄養素で作られる。今の体は，これまで食べてきた結果であり，これからの体は，今食べているものの結果となる。細胞は栄養素をもとに，一定の速度で絶えず入れ替わっている。

細胞の入れ替わり速度と関連栄養素

体の部分	入れ替わり速度	関連栄養素
脳	1か月で約40％〜約1年	たんぱく質・ブドウ糖・ビタミンB_1
筋肉	1か月で約60％〜200日	たんぱく質・ナトリウム・カルシウム
皮膚	約28日	たんぱく質・コラーゲン・ビタミンA，B_2
爪	1か月で手の爪約3mm，足の爪約1.5mm	たんぱく質・コラーゲン・ビタミンA，B_2
毛髪	2〜6年で抜け替わる	たんぱく質・ビタミンA，B_2
骨	成長期：2年未満　成人：2年半 70歳以上：3年	カルシウム・リン・マグネシウム・ビタミンD・コラーゲン
血液	赤血球：1秒間に約300万個作られる 血液：約5Lが100〜120日	たんぱく質・鉄・ビタミンB_{12}，K・葉酸・（水）

参考文献：古畑公，木村康一ほか『食と健康のホントがみえる栄養学』誠文堂新光社，2011年
　　　　　佐藤和子『「正しい食生活」でつくる健康』モラロジー研究所，2012年
　　　　　上西一弘『栄養素の通になる　第2版』女子栄養大学出版部，2010年
　　　　　五十嵐脩『ビタミン・ミネラルBOOK』新星出版社，2012年
　　　　　和田正汎，長谷川忠男『コラーゲンとゼラチンの科学』建帛社，2011年
参考資料：香川大学医学部「保健師の健康教室」保健管理センター医学部分室ホームページ

家族関係年表

西暦	和暦	できごと
1945	昭和20	女性参政権実現
1946	21	日本国憲法制定
1947	22	現行民法改正，教育基本法制定
1948	23	優生保護法制定
1949	24	初の「母の日」実施，合計特殊出生率4.32
1950	25	生活保護法制定
1951	26	児童憲章制定
1952	27	最高裁「有責配偶者からの離婚請求」認めず
1955	30	電化製品「三種の神器」（洗濯機・冷蔵庫・白黒テレビ）が流行語になる
1956	31	日本住宅公団入居者初募集（団地，ＤＫスタイル）
1958	33	合計特殊出生率2.11，天皇家の変換（ミッチーブームが流行語になる）
1959	34	国民年金法制定（国民皆保険制度）
1960	35	「家つき・カーつき・ババぬき」流行語になる
1961	36	所得税配偶者控除制度始まる，「アンネナプキン」発売
1962	37	中学に技術・家庭科新設，女子は家庭科・男子は技術科
1966	41	丙午（ひのえうま），合計特殊出生率1.58
1967	42	命の値段「幼児交通事故死損害賠償請求」主婦に逸失利益を認めない
1972	47	未婚の教師K子さん事件「未婚で働いている身では母として不適格」判決
1973	48	女子高校家庭科4単位必修となる，男子は体育
1975	50	女子の大学進学率短大と合わせて32.4%
1976	51	離婚時の婚氏続称制度新設
1980	55	配偶者の相続分1/3から1/2へ
1981	56	4人に1人の妻がフルタイム（厚生省「国民生活実態調査」発表）
1985	60	男女雇用機会均等法制定（1986年施行），女子差別撤廃条約批准
		国民年金法改正（被扶養の妻の保険料免除）
1987	62	離婚裁判，有責主義から破たん主義への最高裁判決
1989	平成元	1.57ショック（合計特殊出生率丙午を下回る）
1991	3	育児休業法制定
1992	4	女性の雇用者総数38.3%，共働き世帯非共働き世帯を上回る
1994	6	高校家庭科男女共修（4単位）学年進行で開始
1995	7	育児・介護休業法制定（育児休業法の改正），女子の大学進学率短大と合わせて47.5%
1996	8	優生保護法を母体保護法に名称変更
1997	9	改正男女雇用機会均等法制定（1999年4月から施行），臓器移植法制定
1999	11	男女共同参画社会基本法制定，家庭科2単位科目の設定
2000	12	介護保険制度始まる
2001	13	ＤＶ防止法制定，国内初凍結卵子による妊娠・出産
2003	15	少子化社会対策基本法制定，性同一性障害者の戸籍の性別変更を可能にする特例法制定
2005	17	合計特殊出生率1.26と最低を記録
2007	19	赤ちゃんポスト発足
2010	22	平均世帯人員2.42人，単独世帯32.4%，子ども手当支給
2013	25	婚外子の相続差別撤廃，新型出生前診断・卵子老化・卵活報道増加
2015	27	少子化社会対策大綱閣議決定

69　家族関係年表　解説

●少子高齢化・家族問題について

　日本の家族問題は，少子高齢化と切っても切れない関係にある。家族問題は，経済・政治・法律・家庭生活などを如実に表す指標と言える。

　「少子化」とは人口学的に言えば，出生率が人口を維持するために必要な水準（人口置換水準）を下回る状態をいう。人口の再生産がされないため，人口の維持ができなくなり，国の持続が不可能となるため問題になるのである。現在の先進国では，人口置換水準が約2.1を維持することが重要と言われている。

　日本の合計特殊出生率は，第一次ベビーブームの1949（昭和24）年の4.32をピークに下がり始めたが，1950年代から70年代半ばまでは，人口置換水準2.1前後を維持していた（ただし，1966年，昭和41年の丙午*の1.58は特別である）。1989（平成元）年に丙午の1.58を下回る1.57に落ち，迷信などによる特別な現象ではなく，平常の年に起きたことが大きな衝撃としてとらえられ，「1.57ショック」と言われる社会現象となった。そして2005（平成17）年には，1.26となり，2010年，2011年には1.39と推移している。一見，上昇に転じているように見えるが，これも団塊世代ジュニアの人口が多いためと言われている。

　結婚している夫婦の間の平均子ども数は，2.2人前後を維持しており，30年間安定して既婚女性の多くは出産している。実際に出産した子ども数が理想より下回る理由は，「経済的負担」が最も高く，20歳代の若い層では「社会環境」がネックとなっている。2003年の「少子化社会対策基本法」では，不妊治療費の助成，児童手当の経済的援助，有給育児休業保障や休日・夜間保育の充実など，社会的支援が盛り込まれている。しかし，晩婚化・非婚化は進み，未婚男女の増加が少子化に拍車をかけている。政府は，2015年少子化社会対策大綱を閣議決定し，「妊娠・出産の医学的・科学的に正しい知識を学校で教育する」，自治体などによる「結婚支援策」，「三世代同居」の推進と優遇などを盛り込み，2020年までの数値目標を設定した。結婚・出産という非常に個人的な問題にどこまで介入できるか議論を呼ぶ。

　一方高齢化は，「総人口に占める65歳以上の高齢者人口が高くなる現象」のことである。日本は世界に類を見ないほど高齢化が進んでいる国である。高齢化率は，2010年では23.1％となり，今後2020年に29.1％，2060年には39.9％になると推計されている（内閣府「高齢社会白書」2014年）。少子化は総人口数を減少させるので，高齢者数が減少しても高齢化率は上昇することになる。

　少子化による生産年齢人口の減少は，労働力減や生産力減，消費活動低下の問題，社会保障など経済社会に及ぼす影響は多大である。また，世帯における家族構成員数の減少は，単独世帯の増加や夫婦のみ世帯の増加につながっている。65歳以上の者のいる世帯の居住形態をみると，単独世帯が25.6％，夫婦のみ世帯が31.1％で，高齢者のみの世帯が6割近くになっている（厚生労働省「国民生活基礎調査」2013年）。二世代・三世代が同居することによって，「自立できないものの世話は，家族内でおこなう」ことが当たり前であった時代とは，状況が大きく変わってきたのである。その結果，「老々介護」という言葉があらわす通り，高齢者が超高齢者を介護する時代を迎え，社会問題となってきている。

＊丙午とは
　「丙午生まれの女性は，気性が激しく，夫のいのちを縮めるという迷信」，そのような年に子どもを産むのをためらったということ。

参考文献：井上輝子，江原由美子編『女性のデータブック　第4版』有斐閣，2005年
　　　　　　久武綾子，戒能民江，若尾典子，吉田あけみ『家族データブック』有斐閣，1997年
　　　　　　湯沢雍彦，宮本みち子『新版　データで読む家族問題』日本放送出版協会，2008年
　　　　　　井上輝子『新・女性学への招待』有斐閣，2011年

食生活に関わる年表

西暦	和暦	できごと
1955	昭和30	森永ヒ素ミルク中毒事件，電気自動炊飯器の発売
1958	33	初のインスタントラーメン，チキンラーメンの発売（1個35円）
1964	39	冷蔵庫の国内普及率47％，東京オリンピック
1965	40	初の電子レンジ発売
1966	41	3C（カラーテレビ，カー，クーラー）時代到来
1968	43	レトルト食品第1号「ボンカレー」発売
1969	44	人工甘味料チクロの発がん性指摘
1971	46	マクドナルド，ミスタードーナツ1号店開店
1974	49	日本で初めてのコンビニエンスストア開店，食品添加物AF2使用禁止
1979	54	電子レンジの国内普及率30％，マイコン炊飯ジャー発売
1982	57	NHK「こどもたちの食卓　なぜひとりで食べるの」放映，子どもの「弧食」が問題化
1983	58	農林水産省「日本型食生活」提唱
1985	60	厚生労働省「健康づくりのための食生活指針」発表
1988	63	ポストハーベスト農薬問題発生
1991	平成3	食品添加物の食品表示義務，牛肉・オレンジの輸入自由化
1992	4	ペットボトル症候群が問題化
1993	5	冷夏による凶作，米作況指数74，外国米の緊急輸入
1995	7	加工食品の日付け表示を期限表示に一本化
1996	8	O-157食中毒発生
2000	12	「食生活指針」三省共同で発表，雪印乳業集団食中毒事件発生（黄色ブドウ球菌）
2001	13	遺伝子組換え食品の表示義務，国内初のBSE感染牛確認
2002	14	輸入野菜の残留農薬問題
2003	15	「食品安全基本法」制定
2004	16	スローフードジャパン設立
2005	17	「食育基本法」制定，「食事バランスガイド」策定，栄養教諭制度導入
2006	18	食糧自給率40％を切る
2007	19	産地・賞味期限の偽装発覚
2008	20	米粉ブーム，「特定健康診査・特定保健指導」実施
2008	20	中国製ぎょうざ薬物混入事件，事故米不正転売事件発生
2009	21	安全性の問題により特定保健用食品表示許可の失効届提出（食用油問題）
2010	22	口蹄疫に感染した牛を確認，30万頭を殺処分
2011	23	東日本大震災，福島第一原子力発電所事故による食品の放射能問題発生
2011	23	生食禁止用食肉の規格基準の制定
2013	25	多くの有名ホテル，料亭などで食品表示偽装，「和食」ユネスコ無形文化遺産登録
2014	26	中国の期限切れ鶏肉使用問題発覚（チキンナゲット）
2015	27	「機能性表示食品」制度施行

70　食生活に関わる年表　解説

◉食生活に関わる歴史を確認していくと，その時代の食生活のようすや問題点が見えてくる

＊1958年から始まったインスタント食品時代は，その後，電子レンジの普及とともに新食品の開発につながった。
＊1966年には，家庭での冷蔵庫普及率が50％を超え，３Ｃ時代を迎えた。さまざまな電化製品の普及は，食生活を豊かにし，同時に家事労働も軽減した。
＊1975年，テレビCM「私つくる人　僕食べる人」は，性別役割分業を固定化させると問題となり，放映が中止となった。
＊1982年に，NHK特集で「こどもたちの食卓　なぜひとりで食べるの」が放映され，「孤食」がクローズアップされた。翌年「なぜひとりで食べるの」（足立己幸，日本放送出版協会，1983年）が出版されている。スケッチに描かれたひとりぼっちの食卓，子どもだけの食卓，小さく描かれた人物や食べ物など，食卓が楽しい団らんの場ではないこと，孤食がかなり一般化していることに，多くの人が衝撃を受けた。その後「個食」「子食」「小食」「粉食」「戸食」など，「こ食」にさまざまな漢字をあてはめて，現代の食が論じられるようになった。
＊1991年に国の施策のもと，牛肉・オレンジの輸入が自由化し，食生活はさらにグローバル化した。ポストハーベストや残留農薬，遺伝子組換え食品などの問題が指摘されるようになった。
＊2003年，インスタント食品などの「ファストフード」を見直す「スローフード」という考えが広まり，日本でも2004年，スローフードジャパンが設立された。
＊2003年に出版された「変わる家族　変わる食卓」（岩村暢子，勁草書房）で，現代の都会の食の実態，食卓の激変や親子のありようの変容が分析され，反響をよんだ。
＊2005年には「食育基本法」が制定され，生きるための基本的な知識として，食に向き合い学ぶ場が設けられるようになり，「栄養教諭制度」が導入された。この頃から「地産地消」や郷土食が見直され推進されるようになった。
＊2006年には，日本の食料自給率が40％を切った。
＊2008年，「特定健康診査・特定保健指導」が実施された。この頃から健康ブームがはじまり，メディアから毎日のように，健康と食品の関係などの多くの情報が流され，「フードファディズム」現象が起き，現在も続いている。

◉廃棄食品増加と賞味期限・消費期限
日本は，多くの食品を輸入に頼っているにも関わらず，全食品の30％は，食べずに廃棄している。世界には，飢餓で死ぬ人が多くいることを考えると，なんとかしなければならない問題である。加工食品は，1995年までは製造年月日が表示されていただけで，期限表示などはなかったが，現在，この期限表示で判断し，多くの食べられる食品が捨てられている。それならばせめて，廃棄食品を飼料などに利用できないか，というわけで，一部のコンビニで，廃棄処分となる弁当や総菜類を豚や鶏の飼料として再利用する取り組みが広がってきた。さらに食品ロスを減らすために，いわゆる賞味期限の「３分の１ルール」についても見直しが検討されている。

◉スローフード
ファストフード流行に異論を唱えて誕生したのがスローフード運動である。イタリアのジャーナリストであるカルロ・ペトリーニによって始められた「食を通じてゆとりある暮らしと人間性を取り戻そう」とする活動である。

◉地産地消
その地域で収穫された農水産物をその地域で消費すること。新鮮な食品をおいしく食べられ，エネルギーの削減もできる。

参考文献：江原絢子，石川尚子，東四柳祥子『日本食物史』吉川弘文館，2009年
　　　　　　魚柄仁之助『食べ物の声を聴け！』岩波書店，2011年
　　　　　　池田清彦『ほんとうの環境白書』角川学芸出版，2013年

歴史を振り返ろう！ —年表例—

食品添加物年表

西暦	和暦	できごと	指定添加物数
1947	昭和22	「食品衛生法」制定，「食品添加物」という言葉が使用される	
1948	23	食品添加物の規格基準制定・公布	60
1953	28	水俣病（熊本）発生	81
1955	30	森永ヒ素ミルク中毒事件	96
1957	32	「食品衛生法」改正	189
1965	40	第2水俣病（新潟）発生	343
1968	43	カネミ油症事件（北九州市）発生	353
1972	47	「食品衛生法」改正	337
1976	51	「食品添加物の使用を極力制限する方向」を国会決議	333
1977	52	OPP（過酸化水素水，防カビ剤）新規使用許可	334
1980	55	OPPに発がん性指摘	334
1983	58	BHA（ブチルヒドロキシアニソール，酸化防止剤）に発がん性指摘	347
1985	60	アクションプログラム制定（規制緩和本格化）	347
1995	平成7	「食品衛生法」改正	348
2003	15	「食品衛生法」改正	342
2010	22		409
2011	23		421
2014	26		442
2015	27	「機能性表示食品」制度施行	447（6月1日現在）

（＊指定添加物数は年末の数字）

図　指定添加物数の推移

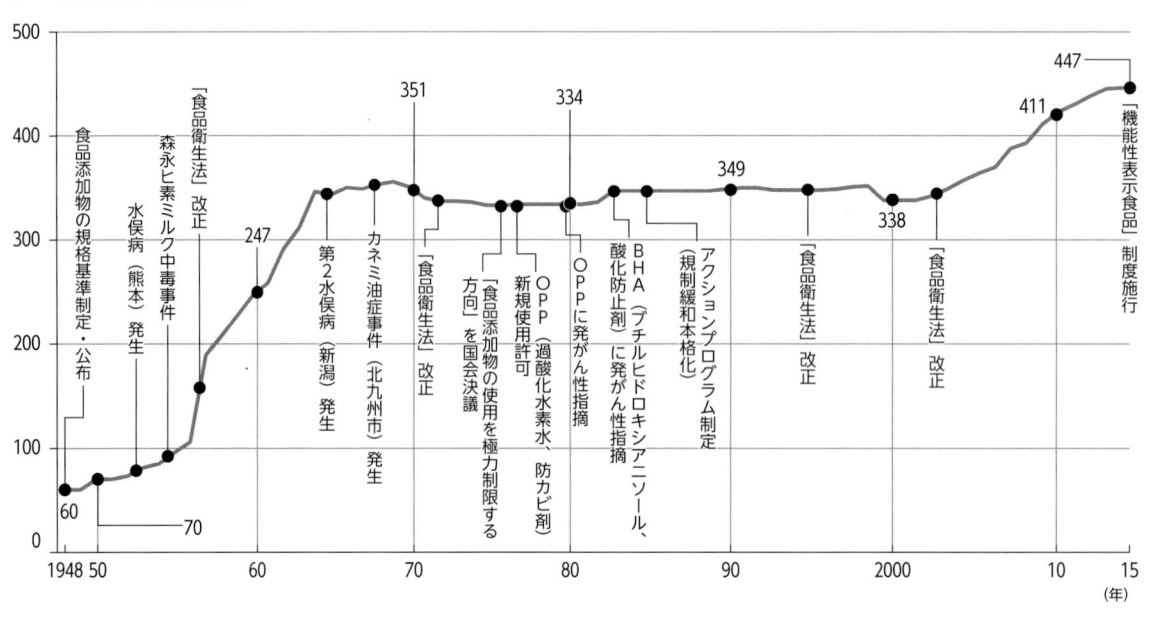

71　食品添加物年表　解説

1　食品添加物の歴史

　私たちの祖先は，文明の発達とともに，食品を保存・加工・調理するのに，さまざまな天然のものを食品添加物として利用してきた。食生活，科学の進歩とともになるべく性能の均一なもの・保存性を高めるものを望むようになり，化学合成する技術が急速に発達した。ここに食品添加物の問題点が存在する。

【歴史的な例から化学合成品になるまで】
- 火の使用と燻製
　肉を火や煙で燻製　→　生よりおいしく，保存性が高まる　→　合成保存料
- 食塩，にがりの使用
　岩塩で肉などを保存・調味　→　ハム，ソーセージなどの発色・保存　→　硝酸塩
　海水からとった「にがり」を使って豆腐の製造　→　塩化マグネシウム（豆腐凝固剤）
- 味・香・色
　甘味　→　はちみつ　→　合成甘味料
　酸味　→　かんきつ類　→　酸味料
　うま味　→　肉，魚，海藻の煮汁を使用（鰹節，昆布，フォンドボー）　→　化学調味料
　香　→　ヨモギ，紫蘇，山椒，ターメリック　→　合成香料
　色　→　くちなし（黄），黄な粉（黄），小豆（赤），ヨモギ（緑），紫蘇（紫）　→　合成色素

2　食品添加物の現状

　1947年施行された食品衛生法によれば，「食品添加物」とは「食品の製造過程において又は食品の加工もしくは保存の目的で，食品に添加，混和，浸潤その他の方法によって使用するもの」と定義されている。「指定添加物」（安全性と有効性，必要性を確認して厚生労働大臣が指定したもの），「既存添加物」（長年使用されてきている），「天然香料」（自然にある植物や動物などから抽出），「一般飲食物添加物」（通常は食品として用いられているが，添加物的な扱いをする）の4つに分類される。

　指定添加物の数は，推移からもわかるように1955〜65年の約10年間で約3.6倍に増加している。背景には，高度経済成長期をきっかけに，女性の社会進出や単身赴任者が増加し，短時間で簡単にできる，インスタント食品・レトルト食品・冷凍食品・惣菜などの加工食品の利用が高まったことが大きい。加えて，許可基準の改定（許可基準が厳しくなる前に許可をとった）が引き金ともいわれている。また，指定添加物の毒性実験や生物学的試験のデータは，「許可申請した側の企業」が用意したものであることも忘れてはならない。

　食品添加物は，食品の保存性を高め，食中毒を防ぎ，食生活の利便性を高めるのに大いに貢献した。しかし，安全性と有効性が確認されたとはいえ，それは一つずつの食品添加物についてである。多数の食品添加物が一度に体内に入ったときの相乗作用については，ほとんど結果がわかっていない。指定認可されたものが「発がん性がある」という理由で使用禁止になった例や「森永ヒ素ミルク中毒事件」のような大惨事も起きている。

　経済のグローバル化に伴って，食品の輸出入は増加の一途である。政府は国際標準化を積極的に進めていく方針で，アメリカやＥＵ諸国で使用が広く認められている食品添加物については，日本でも認可していく傾向にある。私たち消費者は，複数の会社から販売されている同種の食品の原材料表示を比較し，できる限り食品添加物の少ないものを選ぶという心がけが必要であろう。「消費者の買わないものは，商品として作られず，店頭から消えるはずである」。

参考資料：本書p.58「食品添加物を見分けよう」

歴史を振り返ろう！ ―年表例―

消費者問題年表

西暦	和暦	できごと
1946	昭和21	「日本国憲法」制定，物価庁発足
1947	22	「食品衛生法」制定
1948	23	「主婦連合会（主婦連）」結成
1949	24	「工業標準化法（JIS法）」制定
1950	25	「農林物資の規格化及び品質表示の適正化に関する法律（JAS法）」制定
1952	27	「栄養改善法」公布
1953	28	水俣病（熊本）発生
1955	30	経済企画庁発足，森永ヒ素ミルク中毒事件
1956	31	全国消費者団体連絡会結成
1962	37	サリドマイド事件，サリドマイド販売禁止
1962	37	ケネディ大統領「消費者の4つの権利」宣言
1964	39	主婦連，粉末ジュースのうそつき表示を発表
1965	40	厚生省，食用の赤色1号・101号を使用禁止　第2水俣病（新潟）発生
1967	42	厚生省，食用の緑色1号を使用禁止，「公害対策基本法」制定
1968	43	「消費者保護基本法」制定，カネミ油症事件（北九州市）発生
1970	45	国民生活センター発足
1971	46	環境庁発足
1973	48	第一次オイルショック，狂乱物価
1976	51	「訪問販売等に関する法律」制定　このころからサラ金被害が社会問題化
1978	53	第1回「消費者の日」
1982	57	国際消費者機構「消費者の8つの権利と5つの責任」提唱
1987	62	霊感商法被害多発
1989	平成元	学習指導要領改訂（消費者教育の充実），消費税導入（3％）
1990	2	このころマルチ商法被害増加
1994	6	「製造物責任法（PL法）」制定
1995	7	「容器包装リサイクル法」制定，加工食品の日付表示を期限表示に一本化
1997	9	消費税3％から5％に変更，「介護保険法」制定
2000	12	成年後見制度開始，雪印乳業集団食中毒事件発生，「消費者契約法」制定
2003	15	「食品安全基本法」制定，BSE感染牛発生によりアメリカからの牛肉輸入停止
2004	16	「消費者基本法」制定，オレオレ詐欺増加，以後振り込め詐欺へ
2005	17	「食育基本法」制定
2008	20	リーマン・ブラザーズ破綻
2009	21	消費者庁設置
2010	22	消費者ホットライン，全国で運用開始
2011	23	東日本大震災，福島第一原子力発電所事故発生
2012	24	「消費者基本法」改正，「消費者教育推進法」制定
2013	25	米の食品偽装問題発覚
2014	26	消費税5％から8％に変更

72　消費者問題　解説

　私たちは通常，必要な商品（ものやサービス）を自分で作るのではなく，誰かが作ったものを代金を支払って手に入れている。自分が使う（消費する）ために，商品を購入している人を消費者といい，その商品の作り手または販売する人を事業者という。

　本来，消費者と事業者の関係は対等でなければならないが，消費者はほとんどの場合，商品の知識をより多くもっている事業者の説明や表示，広告・宣伝を信じて購入している。商品の情報や法的知識，交渉能力，経済力，社会的力の二者間の格差は非常に大きく，何かトラブルが起きても身体的，経済的不利益を被るのは，構造的に消費者の場合が多くなってくる。商品の購入や使用などをめぐって生じるこの消費者と事業者の間の格差で起きる消費者側の不利益のことを消費者問題という。

　消費者問題は，①商品に対する適切な情報が，消費者に十分伝えられていない，②販売形態が複雑になり，契約内容が消費者にわかりにくい，③商品開発や販売が先行し，構造が複雑な製品の安全確認があと回しになる，④弱い消費者につけ込む悪質業者が増加している，などが原因で起こるようになった。

　これらの問題が出現するのは，昭和30年代に高度経済成長期を迎え，大量生産・大量消費の時代に入ってからである。その象徴ともいえる「森永ヒ素ミルク中毒事件」は，まさに1955（昭和30）年に起きた。その後1960年の虚偽表示の「偽牛缶事件」，1962年の「サリドマイド事件」などが次々と発生した。

　国は，消費者保護に関する施策の基本方向を示す，消費者の憲法ともいえる「消費者保護基本法」を1968年に制定したのち，1970年には，国民生活センターをオープンさせた。その後「薬事法」，「割賦販売法」，「家庭用品品質表示法」などを整備し，「景品表示法」，「特定商取引法」，「クーリング・オフ制度」，「製造物責任法」，「消費者契約法」，「電子消費者契約法」，「個人情報保護法」などで対応している。2009年には消費者庁を設置して，消費者行政の一元化をめざしている。

　消費者を法整備で守っていく一方で，消費者教育を推進し，消費者自らが主体者としての意識をもち，適切な意思決定や行動ができる能力をもつように指導している。2012年に施行された「消費者教育推進法」の基本方針（2013年6月閣議決定）は，「誰もが，どこに住んでいても，生涯を通じて，様々な場で消費者教育を受けることができる機会を提供し，領域・段階ごとに目標を設定，実践し，情報の見える化を体系的に実現しようとするものである」。また，「見て」，「聞いて」，「読んで」，自ら調べ，「学ぶ」ことで「気づく」ことが基本となり，学んだことを自らの消費生活にいかすとともに，「見せて」，「話して」，「書いて」他人に伝えることなど，発達段階ごとの学習目標を整理・明確化している。

　1962年，アメリカのケネディ大統領が提示した「消費者の4つの権利」は，世界の消費者運動の憲章的役割を果たしている。1982年には国際消費者機構は「消費者の8つの権利と5つの責任」を提唱している。

参考文献：吉田良子編著『消費者問題入門　第1版・第2版・第3版』建帛社，1998・2001・2006年
　　　　　村千鶴子『消費者はなぜだまされるのか』平凡社，2004年
　　　　　消費者庁『ハンドブック消費者』2014年
参考資料：消費者教育ポータルサイト・消費者問題の歴史，消費者庁Webページ

環境問題年表

西暦	和暦	できごと
1878	明治11	公害問題が起き始める
1910	43	イタイイタイ病（富山）
1956	昭和31	水俣病（熊本）
1960	35	四日市ぜんそく（三重）
1962	37	「ばい煙規制法」制定
1965	40	第2水俣病（新潟）
1967	42	「公害対策基本法」制定
1968	43	「大気汚染防止法」制定，カネミ油症事件（北九州市）
1970	45	光化学スモッグ発生（首都圏）
1971	46	「環境庁」発足
1985	60	このころからごみ焼却によるダイオキシン問題が発生し出す
1993	平成5	「環境基本法」制定
1995	7	「容器包装リサイクル法」制定
1997	9	「京都議定書」採択，「環境アセスメント法（環境影響評価法）」制定
1998	10	「家電リサイクル法」制定
1999	11	「ダイオキシン類対策特別措置法」制定
2000	12	「循環型社会形成推進基本法」制定，「食品リサイクル法」制定
2001	13	環境庁から「環境省」へ
2005	17	「京都議定書」発効（ロシア批准により）
2011	23	東日本大震災，福島第一原子力発電所事故
2013	25	大気汚染 PM2.5問題
2014	26	異常気象が世界的にみられるようになった

73　環境問題年表　解説

「環境問題」とは，私たち人間や生物，そして私たちを取り巻く外界との関係に悪影響を及ぼす事象のことである。「環境問題」は大気，森林，海洋などの「自然環境」や人間活動が引き起こす「生活環境」などが関連している。

＊1878年頃「工業化による公害問題」が起き始めた。
＊1960年代には高度経済成長期に突入し，工業化の進展とともに自然破壊，水質汚濁，大気汚染など環境問題が大きな社会問題となってきた。この頃から工業・鉱山創業等の事業に起因する産業型公害が発生し，いわゆる「四大公害」が1910年頃から次々と問題化した。
＊1967年「公害対策基本法」が制定された。法規制と並行して企業のさまざまな対策が行われた結果，深刻な健康被害の問題は見られなくなり，同時に公害対策の先進国になった。
＊1971年に環境庁が発足した。
＊1993年に「環境基本法」が制定された。
＊2001年に環境庁は環境省となり，「食品リサイクル法」も施行された。環境問題への対策は前進した。
＊2013年に起こった大気汚染PM2.5などの「国境を越える環境問題」も生じてきた。国内外で環境対策は確実に前進したが，世界全体の経済成長や人口増加の勢いには追いついていない。

▶「四大公害」：「イタイイタイ病（富山）」「四日市ぜんそく（三重）」「水俣病（熊本）」「第2水俣病（新潟）」
▶「環境基本法」の3つの理念
　①現代と将来の世代の人間が健全で豊かな環境の恵みを享受できること。
　②環境への負荷の少ない持続的発展が可能な社会を構築すること。
　③国際協調で地球環境保全を積極的に推進すること。

▶環境基本法

公害防止に関する法律	水質汚濁防止法，大気汚染防止法，悪臭防止法，騒音規制法
廃棄物に関する法律	家電リサイクル法，食品リサイクル法，自動車リサイクル法，循環型社会形成推進基本法，容器包装リサイクル法
地球環境保全に関する法律	地球温暖化対策推進法，オゾン層保護法，省エネ法
有害物質汚染対策に関する法律	PCB廃棄物処理法，ダイオキシン類対策特別措置法

▶環境問題が国際協力なしに解決できない理由
　①環境問題の原因を生んでいる国と，その影響を受ける国が離れている場合がある。
　　「黄砂」「酸性雨」「大気汚染」など。
　②途上国への支援が求められている。
　　環境問題が深刻なのは途上国である。先進国の経済発展を追求し，かつ途上国の資源を利用してきた結果，環境問題が発生したという背景がある。途上国の環境対策のために先進国からの技術・資金支援が求められている。
　③地球全体で取り組まなければならない環境問題がある。
　　「地球温暖化」「気候変動」「生物多様性の破壊」「オゾン層の破壊」「砂漠化」「森林の減少・劣化」など。

参考文献：池田清彦『ほんとうの環境白書』角川学芸出版，2013年
　　　　　　門脇仁『環境問題の基本がわかる本』秀和システム，2011年
　　　　　　オフィステクスト著，三菱UFJリサーチ＆コンサルティング環境・エネルギー部監修『手にとるように環境問題がわかる本』かんき出版，2012年
　　　　　　地球環境研究会編『地球環境キーワード事典』中央法規出版，2008年

74 自分をみつめる（本書p.48） 授業案

所要時間のめやす（40〜45分）

●ねらい
「ぬり絵」という単純作業から自分の中のジェンダー観に気づかせる。
①ブタの顔つき，しぐさ，表情，着ているもの，身につけているものなどから男女を区別している自分に気づかせる。
②性を決定した自分が，そのブタにどんな色ぬりをしたか確認させる。
③他人の意見を聞き，多様な考えかたがあることを知る。
④ジェンダーが今の自分や将来の生活とどのように関わってくるかを考えさせる。

●授業展開

時間（分）	指導の内容	主な学習活動
5	導入	＊ワークシートに取り組む前に説明をする ・表を完成してから色をぬること ・まず①〜⑩のブタに色をぬり，時間があればその他のブタや風景などに色ぬりをすること ・すべてのブタに同じ色をぬらないこと ・解答がないことを伝える
10	色ぬり	＊何も考えずに，自分で思ったように取り組ませる ・性とは何かと聞かれたら，Sex（生物学的に区別される性）と答え，男女で答えさせる ・生徒は楽しそうに，いろいろな話をしながら取り組む ・教師は巡回しながらアドバイスや注意を与える
10	発表	・特徴のあるブタ（例えば①②⑨⑩など）を取り上げ，生徒に性別とぬった色を発表させる ・いろいろな意見があることを確認させる
10	資料を読む	＊資料と自分の結果を見比べさせる ブタの顔つき，洋服，しぐさ，表情，身につけているものなどから，男女を区別している自分に気づかせる
5	まとめ	＊実習を終えての感想・気づいたことをまとめさせる

●指導上の留意点
1. ぬり絵の時間設定をする（時間を決めておかないと，いつまでも色ぬりをする）。
2. この実習から，「らしさ」がもたらす問題や性別役割分業の見直しなどの学習につなげる。
3. 机間巡視しながら特徴のある①②のブタの色ぬりを確認するとよい。
4. 時間があれば「クイズ」に答えさせる。

●コラム 【つくられる「男」と「女」】

　ある実験で，5人の若い母親が<u>ベス</u>という名前の生後6か月の赤ちゃんと行う相互行為を観察していた。母親たちは，その赤ちゃんに対してしきりにほほえみかけ，人形をあてがい，遊ばせようとする傾向が見られた。母親たちはその子を「かわいらしい」とか「おとなしい泣き方をする」と判断した。

　次に別のグループの母親が<u>アダム</u>という名前の同じ歳の子どもと行う相互行為の観察では，顕著な違いが見られた。母親たちはその赤ちゃんに電車などの「男の子のおもちゃ」を与えて遊ばせようとする傾向があった。実際には，この<u>ベスとアダムは同じ子ども</u>で，異なる服を着せられていただけだった。

74 自分をみつめる　授業案　資料

資料1　クイズ

①ある日，青年は父親と旅行に出かけた。その途中で交通事故に巻き込まれた。
　父親は即死，青年は重傷を負った。この青年は救急車で救急病院に運ばれた。運の良いことにその病院には凄腕の外科医がいた。手術室に運ばれた青年の顔を見るや，驚いて外科医は「私の息子ではないか！」と叫んだ。
　Q．外科医と青年の関係を答えなさい。
　A．母親と息子（外科医は男と，ほとんどの生徒が思っている）。

②太平洋で大型船の衝突事故があった。船長と乗組員はすべて死亡した。
　テレビでこのニュースを見た船長の娘のBさんはショックで涙が止まらなかった。数日後，ご近所の人から「お気の毒に，これからはお母さんと二人で頑張ってね」と言われ，Bさんは「えっ！」と答えた。
　Q．なぜBさんは「えっ！」と答えたのだろう。
　A．船長はBさんの母親で，残されたのは父親とBさんだった（船長は男と，ほとんどの生徒が思っている）。
※このクイズは，ほとんどの生徒が簡単には答えにたどりつかない。答えを聞いてびっくりする。

資料2　「ランドセルの色」

　毎年，さまざまな色のランドセルが販売されるようになってきた。しかし，赤いランドセルは女の子だけ，黒，黒っぽいランドセルは男の子というのがほとんどである。洋服の色は，ほとんど男女の区別がなくなってきたことから，ランドセルの色は子どもの選択ではなく，大人の中にある性差による色の意識が反映されていると考えられる。インターネットのランドセル申し込みのページを見ると「男の子用，女の子用」とすでに分かれている。

表　ランドセルの色（%）

男子		女子	
黒	63.7	赤	44.9
紺系	12.1	紺系	0
青系	21.2	青系	5.1
緑系	0	緑系	0
茶系	3.0	茶系	6.3
黄色	0	黄色	0
アイボリー	0	アイボリー	0
水色	0	水色	15.6
		ピンク系	25.0
		オレンジ	3.1

（愛知県内公立小学校240名の統計，2014年度）

関連用語
- ジェンダー
- セクシュアリティ
- 性的指向
- ジェンダー・アイデンティティー
- ジェンダー・バイアス
- ジェンダー・ステレオタイプ
- ジェンダー・イクオリティ

実践を盛り込んだ授業案

75 紙おむつから考えてみよう （本書p.42） 授業案

所要時間のめやす（40～45分）

●ねらい
「紙おむつ」という商品の装着体験から，情報に流されず正確な知識や判断力をもつ力を養う。
①紙おむつの実験結果から，CMなどの情報分析をさせる。
②紙おむつの原材料から，「紙」おむつではないことを知る。
③さまざまな取り組みについて紹介し，自分に何ができるか考えさせる。

●授業展開

時間(分)	指導の内容	主な学習活動
5	導入	・紙おむつを手に取らせ，同時に布おむつの説明をして導入とする
5	紙おむつとCM	・ワークシート設問「1」に答えさせる
20	紙おむつの実験	すべての実験結果を，その都度記録させる ①手にすき間なく巻き付け，5分間体験させる ・すべての生徒に体験させることが望ましいが，全員で取り組むと時間オーバーとなるので，それぞれの生徒にどれかを体験させる ・未使用の紙おむつをはさみで切り，黒色画用紙の上に切り口から高分子吸水材を落とし，この粒が水を吸収することを伝える ②①の手に巻いた紙おむつに，40℃の色湯を約150mL流し入れ，再度手に10分間巻く 体験者に，今の感想を班の生徒に伝えさせる
5		③10分後に紙おむつを手からはずし，その一つをはさみで切り，断面図を観察させる 青色のゼリー状の高分子吸水材を確認させる
10	まとめ	感想・気づいたことをまとめさせる CMと実験結果やパッケージの原材料表示の関係を必ず考えさせ，数人の生徒に発表させる

●指導上の留意点
1. 実験結果は，CM通り，「蒸れない」「漏れない」「おしりサラサラ」etc.…だったか考えさせる。「紙おむつ」に限らず，消費者として，商品を選択するときにCM等の情報に惑わされていないか，考えるために，正しい知識をもつことの大切さを確認させる。
2. 高分子吸水材は，生理用ナプキンや砂漠に木を植えるときの土に混ぜられていることなどを伝える。科学の進歩とともに高分子吸水材の吸水能力が高くなり，紙おむつや生理用ナプキンは薄くなった。
3. 過去の実験で，吸水にこだわった生徒に教師が流され，どんどん水を吸収させ，「多量の水を吸収する紙おむつは素晴らしい」という結果にたどりつき，吸水だけの授業に終わってしまったという苦い報告を聞いたことがある。

●コラム
●紙おむつが発売されるまでは布おむつだけであった。今は，紙おむつがほとんどの赤ちゃんに使用されている。しかし，布おむつも見直され，湿疹が出やすい赤ちゃんや産婦人科病院・保育所などでも使用されている。生理用ナプキンも同様な理由で，現在さまざまな布製エコロジー生理用ナプキンが作られている。

●日本で初めて作られた生理用ナプキンは，1961（昭和36）年に発売された「アンネナプキン」である。アンネは「アンネの日記」の少女アンネから命名された。詳細は，本書p.104「使い捨てナプキンを作り出したのは誰？」参照。

75　紙おむつから考えてみよう　授業案　資料

資料1　高分子吸水材
　その場で紙おむつを切って黒色画用紙の上で見せるのが効果的であるが，事前に透明のケースに入れておいて，それを見せてもよい。

資料2　紙おむつのごみ処理
　紙おむつは自治体によって処理法が決まっている。ほとんどの自治体は「可燃ごみ」として処理している。紙おむつ指定袋等を決めている地域や紙おむつメーカー，リサイクル業者と連携してリサイクルに取り組んでいる自治体もある。

資料3　布おむつリース業者
　汚れた布おむつを回収し，きれいに洗濯して配達してくれる。日本には，1958（昭和33）年創業以来，現在まで続けている業者もある。

資料4　諸外国での取り組み
　布おむつ「復権」が進んでいる国もある。「紙おむつより環境や肌にやさしい」という従来の理由に加え，紙おむつより安くすむことや汚れた布おむつを回収して洗濯し，家庭に配達するサービスの登場が人気回復につながった。ごみ処理増加に困った自治体が，布おむつの奨励に熱心に乗り出したこともこの動きに拍車をかけている。
　人気の理由には，布おむつにつきものだった洗濯から解放される手軽さと，紙おむつより安いことなどがある。

資料5　保育所や産婦人科での取り組み
　保育所や産婦人科では，布おむつだけを使用している施設も多い。その理由には，布おむつの方が，肌にやさしく，おむつかぶれが少ないことやおむつはずれが早いことなどがある。

資料6　授業実験「大人用紙おむつ装着体験」から
　実験に当たって，体験者は，希望者を選べばよいが，特に将来，医療・介護・保育などを進路選択に考えている生徒に勧めた。
方法：①体験者には休み時間に大人用紙おむつを装着させる。その際，横をテープで留めるおむつにぬるま湯（40℃，200mL）を注いだものを持たせ，トイレにて装着させてから，授業に参加させる。
　　　②授業の途中で今の感想を発表させるとよいが，強制はしない。
感想：気持ちが悪く早く外したい。不思議な感じ。二度と着けるのは嫌だ。とてもこの中でオシッコはできない。授業に集中できない。重たい。意外とさらっとしている。途中で泣き出し，トイレに行かせて下さいという女子生徒もいた，など。
教師から：幼児期におむつをはずし，自分で排尿，排便していた人が，大人になって紙おむつの中で排尿，排便をしなければならないときの気持ちを考えさせる。特に体験した生徒たちには，今日の気持ちを忘れないように伝える。

実践を盛り込んだ授業案

76 災害時の食事，どうする？ （本書p.38） 授業案

所要時間のめやす（40～45分）

◉ねらい
災害時に身につけておきたい力の一つに「食事作り」がある。便利な毎日から一転，電気，ガス，水道が使えなくなったとしたらどうするか…，一度は体験させておきたい実習である。
①電気，ガス，水が使えないことがどんなことか実感させる。
②身近にある食品から災害時でもできる食事作りを考えさせる。
③災害時に備え，どんなものを家庭で備蓄しておくべきか考えさせ，家庭でも話題にさせる。

◉授業展開

時間(分)	指導の内容	主な学習活動
5	導入	・水道が使えないこと，材料の確認をさせる ・使用可能な水の量の確認をさせる ・ボウルを使ったポリ袋の空気抜きの手本を見せる
30	実習 ご飯	・ご飯とツナのじゃが煮は一つの鍋で加熱する 　ご飯は沸騰後20分，ツナのじゃが煮は沸騰後25分加熱する 　どちらも5分ごとに上下を入れ替える 　ワークシートの方法で実習を行う ①米は精白米でも洗米せずに使う ②加熱途中で上下を入れ替え，均等に加熱する ③加熱後，袋から出すとき熱いので，火傷をしないように気をつけさせる ④皿に分け，好みでふりかけをかけさせる
	ツナのじゃが煮	①じゃがいもは，最小限の水で洗う ②じゃがいもと玉ねぎは薄切りにすることで煮えやすくなる ③ツナの缶詰の汁は捨てずに使う ④すべての材料をポリ袋に入れ，ポリ袋をもみ，中身をよく混ぜる ⑤中を均一に，平らにすると全体に加熱できる ⑥加熱途中で上下を入れ替え，均等に加熱する
	乾パンの利用	・加熱している待ち時間に，一工夫して「乾パンを美味しく食べる方法」を考えさせる ・今，行っている実習を参考に考えさせる
5	まとめ	・実習を終えての感想・気づいたことをまとめさせる ・作って，試食しての感想・気づいたことをまとめさせる

◉指導上の留意点
1．一つのポリ袋に多く入れず，小分けして調理をすることがポイントである。
2．米に加える水の量は，少ないよりは多いほうが熱効率がよい（失敗が少ない）。
3．計量カップが必ずあるとは限らない。米用カップ，コップなどでもこの方法で計量する。
4．ご飯は，水の代わりにジュース類を利用できることを伝える。
5．初めての経験で空気抜きがうまくできなかったり，袋が破れたりなど，さまざまな失敗が起きるが，その失敗も経験することが大切である。
6．失敗したときは原因を考えさせる。授業時間に間に合う失敗であれば，再度取り組ませる。

◉コラム　災害時に困ったこと
◉温かい物が食べたいという被災者の方がいた。
→鍋，簡易コンロ，水も米もあったが，経験不足からご飯が炊けなかった。

◉支援物資が被災者の人数分なくて配れず，廃棄された。
→平等に分配することにこだわりすぎた結果である。

参考文献：山崎幸江＆「タベダス」編集部．パッククッキング倶楽部防災部会『平常時は電気ポットで家庭版真空調理／非常災害時はカセットコンロで救命パッククッキング』風人社，2012年

おわりに

　本書作成のきっかけは，教科書の原稿執筆をしながら，「授業導入に使えるおもしろくて楽しいコラムはたくさんあるよね。実習などで生徒がくれる納得の笑顔や歓声は忘れられないよね」と話していたことに始まります。

　また，多くの高校で，修得単位数減，専任教員減が進み，相談相手が見つからない，教材研究に迷い，困っていらっしゃる先生が多いというお声も耳にいたしました。ちょうどその頃，大修館書店から，このような本をまとめる機会をいただきました。

　ところが始めてみたものの，授業の様子や内容を文章にすることの難しさを痛感し，なおかつ，紙面の都合上，切り捨てざるを得ない教材や資料が多数におよび，最後の最後までその選択に迷ったこと，教科の特性ともいえるデータや研究結果が日々変化する「生きた教科」であるため，新しい確かなものを求めて，右往左往せざるを得なかったこと，正解がない（○×では答えられない）内容が多いため，あらためて，授業の導入や方法を考え直す作業が必要になったことなど，悩みもつきませんでした。

　古くなったデータや情報は，新しいものに入れ替えていただくことやワークシートの内容を各学校の特徴に合わせて少しずつ変えていただく必要はありますが，教材はそのまま使えます。ぜひ，失敗を恐れず，果敢に挑戦し，自分流に作り直していただきたいと思います。本書を手に取っていただいた先生方の教材づくりの一助となれば幸いです。

　最後に本書の出版に当たり，多大なご助言とご協力を下さいました，大修館書店の福島裕子さんに厚く御礼を申し上げます。

2015年6月　　　　下野房子
吉田幸子

[著者紹介]

下野房子（しもの　ふさこ）
　　1948年　大分県生まれ
　　1979年　椙山女学園大学大学院家政学研究科修了
　　椙山女学園大学研究生，中京女子大学（現至学館大学）・椙山女学園大学助手を経て
　　1984年から東海学園高等学校教諭，勤務のかたわら，愛知教育大学・椙山女学園大学非常勤講師，一般財団法人日本私学教育研究所委託研究員
　　2013年3月東海学園高等学校退職
　　現在，愛知県「日進市食育推進委員」「食生活改善推進員」として活動中
　　おもな著書（分担執筆）：「高校家庭科教科書」，「教授用指導資料」および『My Life家庭科資料』『実験・実習・観察の手引き』（いずれも大修館書店），高校家庭科指導資料および指導ノート（実教出版），月刊『家庭科研究』など

吉田幸子（よしだ　さちこ）
　　1947年　愛知県生まれ
　　1969年　お茶の水女子大学家政学部卒業
　　文化女子大学助手，各高校非常勤講師を経て
　　1989年から南山中学・高等学校女子部家庭科教諭
　　2012年3月南山中学・高等学校女子部退職
　　おもな著書（分担執筆）：『服飾辞典　日英仏独対照』（ダヴィッド社），『ブリタニカ国際大百科事典（日本語版）』（ティビーエス・ブリタニカ）分担抄訳，「高校家庭科教科書」，「教授用指導資料」（大修館書店）など

すぐに使える　家庭科授業ヒント集
© Fusako Shimono, Sachiko Yoshida, 2015　　　　NDC375／128p／26cm

初版第1刷	2015年7月20日
第3刷	2019年9月1日
編著者	下野房子・吉田幸子
発行者	鈴木一行
発行所	株式会社　大修館書店
	〒113-8541　東京都文京区湯島2-1-1
	電話03-3868-2651（販売部）　03-3868-2266（編集部）
	振替00190-7-40504
	［出版情報］https://www.taishukan.co.jp

装丁者	井之上聖子／カバーイラスト　原田マサミ
本文デザイン	CCK
印刷所	広研印刷
製本所	牧製本

ISBN978-4-469-27006-8　　Printed in Japan

Ⓡ本書のコピー，スキャン，デジタル化等の無断複製は著作権法上での例外を除き禁じられています。本書を代行業者等の第三者に依頼してスキャンやデジタル化することは，たとえ個人や家庭内での利用であっても著作権法上認められておりません。